문형과 회화로 만나는 중국어 2

문형과 회화로 만나는 중국어 2

홍영희·임재호 지음
孙杨 감수

들어가는 말

중국은 이제 명실공히 세계의 경제대국으로서 미국과 어깨를 나란히 하고 있습니다. 그에 따라 중국어를 공부하려는 사람들도 많아졌고, 중국어 교재도 셀 수 없이 많이 출판되고 있습니다.

최근 출판된 기초 및 초급 수준의 중국어 교재들은 대부분 상황별 회화를 중심으로 구성되어 있고, 필요한 상황에 맞는 중국어 표현에 대한 연습만을 주로 강조하고 있습니다. 그러다 보니, 학습자들은 중국어 문장의 구조와 형식에 대한 제대로 된 이해와 연습이 부족한 상태에서, 어떤 상황에 필요한 일부 문장들만 통째로 외우게 됩니다. 하지만 이렇게 해서는, 필요한 문장들을 외워도 금방 잊게 되고, 유사한 문장으로의 응용도 쉽지가 않습니다.

본 교재는 2012년 출판된 상황별 회화 중심의『중국어 첫걸음』의 단점을 보완해, 중국어의 각 종 문형에 대한 이해와 연습을 더욱 강화하였습니다. 각 문형을 도식화하여 한국어 어순과의 차이를 알기 쉽게 하였고, 기본문형과 응용문형을 쉽게 반복적으로 연습할 수 있게 하였습니다.

기존의 교재들과는 특징을 달리하는 '문형 중심의 교재'이기에, 중국어 교재 시장에서 얼마나 성과를 올릴 수 있을지 확신할 수 없는 상황에서, 교재의 기획 의도에 선뜻 동의하고 출판을 허락한 외국어대학교 출판부에 감사드립니다.

아무쪼록 이 책이, 중국어 정복의 꿈을 지닌 모든 분들에게 즐거운 출발이 되기를 바라면서......

강릉 원주대 강릉캠퍼스에서

홍영희, 임재호

문형과 회화로 만나는 중국어 2

과별 목차 및 주요 학습 내용

이 책의 구성 및 특징

단어

문형 연습 및 회화 연습에 나오는 새 단어들의 발음과 뜻을 학습합니다. 『문형과 회화로 만나는 중국어2』에서는 주로 HSK 1·2·3급의 단어들로 구성되었습니다.

문형 연습

중요 문형을 이해하고 연습합니다. 『문형과 회화로 만나는 중국어2』에서는 주로 HSK 1·2·3급의 어법 등급에 해당하는 문형들로 구성되었습니다. 기본 문형 연습과 응용 문형 연습으로 구성되어 있습니다. 기본 문형연습에서는 10개의 연습 문장이 제시되는데, 문형 연습을 쉽게 할 수 있도록 하기 위해, 바로 앞의 문장에서 한두 개의 단어만 바꾸면 문장을 만들 수 있게 고안하였습니다. 응용 문형 연습은 기본 문형을 응용하여 문장을 만드는 것으로, 5개의 연습 문장이 제시됩니다. 문형 노트를 통해 문형을 알기 쉽게 설명하였습니다.

회화 연습

연습한 문형들이 실제로 어떻게 쓰이는지 회화를 통해 확인하고, 연습한 문형외의 다양하고 생생한 생활 회화를 연습합니다.

회화 노트

대화 중에서 설명이 필요한 단어나 문장은 회화 노트에 알기 쉽게 설명하였습니다.

실전 연습

듣기, 말하기, 읽기(독해), 쓰기 각 영역 별로 연습 문제를 제시하여, 각 과의 주요 학습 내용을 다양한 방식으로 연습하게 고안하였습니다.

중국 문화 산책

알아 두면 도움이 되는 중국 문화에 대한 재미난 읽을거리를 제시합니다.

일러두기

『문형과 회화로 만나는 중국어1』 단어 찾기

이 교재의 '문형 연습'을 원활히 진행하기 위해서는 『문형과 회화로 만나는 중국어1』에서 학습했던 단어들을 알아야하기에, 그 단어들을 교재의 앞부분에 제공하여 학습자가 쉽게 참고하게 하였습니다.

단어 항목 표기

『문형과 회화로 만나는 중국어1』에서 이미 출현했던 단어는 이 교재 매 과의 '단어' 부분에 다시 제시하지 않는 것을 원칙으로 하였으나, 『문형과 회화로 만나는 중국어1』의 '실력 업그레이드 필수 보충 단어' 부분에 출현했던 단어에 한해서는 다시 한 번 더 제시하였습니다.

고유명사 표기

인명, 지명 등의 중국어의 고유명사는 중국어 발음을 한국어로 표기하는 것을 원칙으로 하였으나, 우리에게 한자 독음으로 널리 알려진 것들에 대해서는 한자 독음으로 표기하였습니다.

李娜 리나　　邓小平 등소평　　北京 베이징

등장 인물

洪老师 홍선생님, 중국어를 가르치는 한국 선생님

林东炷 임동주, 중국어를 배우는 한국 남학생

金泫暻 김현경, 중국어를 배우는 한국 여학생

李　娜 리나, 한국어를 배우는 중국 여학생

문형과 회화로 만나는 중국어1 단어 찾기

문형과
회화로
만나는
중국어 2

단어

(수업을) 마치다	xià	下
없다, ~하지 않았다.	méi(yǒu)	没(有)
(동작의과거나완료를나타내는조사)	le	了
(긍정 감탄 등을 나타내는 조사)	a	啊
가깝다	jìn	近
가다	qù	去
가족(단위)	kǒu	口
간호사	hùshi	护士
강(성)	Jiāng	姜
게임	yóuxì	游戏
경찰	jǐngchá	警察
고맙습니다	xièxie	谢谢
공무원	gōngwùyuán	公务员
공부하다	xuéxí	学习
공부하다, 배우다	xué	学
공항	jīchǎng	机场
괜찮다, 좋다	kěyǐ	可以
괜찮습니다	méi guānxi	没关系
교사	jiàoshī	教师
교수	jiàoshòu	教授
교실	jiàoshì	教室

단어

구(9)	jiǔ	九
권(단위)	běn	本
귀하다, 비싸다	guì	贵
그, 걔, 쟤	tā	他
그곳, 거기	nàr	那儿
그녀, 걔, 쟤	tā	她
그녀들, 걔들, 쟤들	tāmen	她们
그들, 걔들, 쟤들	tāmen	他们
그런대로	hái	还
그렇다면, 그럼	nà	那
그리고	hé	和
그제	qiántiān	前天
기다리다	děng	等
기쁘다	gāoxìng	高兴
기사	sījī	司机
기숙사	sùshè	宿舍
기자	jìzhě	记者
긴장하다	jǐnzhāng	紧张
김(성)	Jīn	金
김치	pàocài	泡菜
김현경(이름)	Jīn Xuànjǐng	金泫暻

단어

~까지	dào	到
끝나다	jiéshù	结束
나	wǒ	我
남동생	dìdi	弟弟
남자친구	nán péngyou	男朋友
낮다	dī	低
내년	míngnián	明年
내일	míngtiān	明天
너	nǐ	你
너무, 아주	tài	太
너희들	nǐmen	你们
놀다	wánr	玩儿
높다	gāo	高
누구	shéi	谁
누나, 언니	jiějie	姐姐
느리다	màn	慢
~는요(조사)	ne	呢
다시	zài	再
달걀	jīdàn	鸡蛋
닭고기	jīròu	鸡肉
당신(2인칭 你의 존칭)	nín	您

단어

대학교	dàxué	大学
덥다	rè	热
~도, 역시	yě	也
도서관	túshūguǎn	图书馆
돌아오다(가다)	huí	回
됐어, 그만해	suànle	算了
되다	dāng	当
둘(2)	liǎng	两
듣다	tīng	听
때리다, (전화)걸다	dǎ	打
~라고 불리다, 부르다	jiào	叫
라면	fāngbiànmiàn	方便面
룸메이트	shìyǒu	室友
리나(이름)	Lǐ Nà	李娜
마시다	hē	喝
만나다	jiàn	见
많다	duō	多
말하다	shuō	说
맑다	qíng	晴
맛있다	hǎochī	好吃
매우, 아주	hěn	很

단어

맥주	píjiǔ	啤酒
병(단위)	píng	瓶
먹다	chī	吃
멀다	yuǎn	远
면음식	miàntiáo	面条
명, 개(단위)	ge	个
몇	jǐ	几
모레	hòutiān	后天
모자라다, 부족하다	chà	差
목요일	xīngqīsì	星期四
무엇, 무슨	shénme	什么
무역	màoyì	贸易
미국인	Měiguó rén	美国人
미안합니다	duìbuqǐ	对不起
바쁘다	máng	忙
박(성)	Piáo	朴
반 친구	tóngxué	同学
반, 30분	bàn	半
밥, 식사	fàn	饭
배고프다	è	饿
버스정류장	chēzhàn	车站

단어

베이징	Běijīng	北京
변호사	lǜshī	律师
별말씀요	bú kèqi	不客气
병원	yīyuàn	医院
보다	kàn	看
부근	fùjìn	附近
부르다	chàng	唱
~부터	cóng	从
분	fēn	分
불고기	kǎoròu	烤肉
비싸다	guì	贵
빌리다	jiè	借
빠르다	kuài	快
빨리, 얼른	gǎnkuài	赶快
빵	miànbāo	面包
사(4), 네	sì	四
사다	mǎi	买
사무실	bàngōngshì	办公室
사장	lǎobǎn	老板
사전	cídiǎn	词典
살(단위)	suì	岁

단어

삼(3), 세	sān	三
삼겹살	wǔhuāròu	五花肉
삼성	Sānxīng	三星
상점, 가게	shāngdiàn	商店
새벽	língchén	凌晨
샌드위치	sānmíngzhì	三明治
샤브샤브	huǒguō	火锅
서점	shūdiàn	书店
선생님	lǎoshī	老师
성씨, 성이 ~이다	xìng	姓
소고기	niúròu	牛肉
소고기면	niúròumiàn	牛肉面
수업	kè	课
수영하다	yóuyǒng	游泳
술	jiǔ	酒
술집	jiǔbā	酒吧
쉬다	xiūxi	休息
슈퍼마켓, 마트	chāoshì	超市
시(단위)	diǎn	点
시간	shíjiān	时间
시작하다	kāishǐ	开始

단어

시험	kǎoshì	考试
식당	fànguǎn	饭馆
(식당을 세는 단위)	jiā	家
(구내)식당	shítáng	食堂
(신발을 세는 단위)	shuāng	双
십(10), 열	shí	十
15분(단위)	kè	刻
싸다	piányi	便宜
쌀밥, 공기밥	mǐfàn	米饭
쓰다	xiě	写
씻다	xǐ	洗
아니다	bù	不
아르바이트하다	dǎgōng	打工
아버지	bàba	爸爸
아직	hái	还
아침	zǎoshang	早上
아침밥	zǎofàn	早饭
양꼬치	yángròuchuànr	羊肉串儿
어느	nǎ	哪
어디	nǎr	哪儿
어떻습니까	zěnmeyàng	怎么样

단어

어머니	māma	妈妈
얼마나	duō	多
없다	méiyǒu	没有
~에서	zài	在
~에 있다	zài	在
엔지니어	gōngchéngshī	工程师
여동생	mèimei	妹妹
여자친구	nǚ péngyou	女朋友
영어	Yīngyǔ	英语
영화	diànyǐng	电影
영화관	diànyǐngyuàn	电影院
예쁘다	piàoliang	漂亮
오(5), 다섯	wǔ	五
오늘	jīntiān	今天
오다	lái	来
오래간만입니다	hǎo jiǔ bú jiàn	好久不见
오전	shàngwǔ	上午
오후	xiàwǔ	下午
올해	jīnnián	今年
~와	gēn	跟
왕(성씨)	Wáng	王

단어

왜 그래	zěnme le	怎么了
외동딸	dúshēngnǚ	独生女
우리	zánmen	咱们
우리	wǒmen	我们
우체국	yóujú	邮局
운동선수	yùndòngyuán	运动员
웃다	xiào	笑
월요일	xīngqīyī	星期一
육(6), 여섯	liù	六
윤(성)	Yǐn	尹
은행	yínháng	银行
~의, ~하는	de	的
의사	yīshēng	医生
이(2)	èr	二
이(성)	Lǐ	李
~이다	shì	是
이르다	zǎo	早
이름	míngzi	名字
이후	yǐhoù	以后
일	shìr	事儿
일(1), 하나	yī	一

단어

일본인	Rìběn rén	日本人
일어나다	qǐ chuáng	起床
일요일	xīngqītiān	星期天
일하다	gōngzuò	工作
읽다	dú	读
임(성)	Lín	林
임동주(이름)	Lín Dōngzhù	林东炷
입구	ménkǒu	门口
~입니까(조사)	ma	吗
(~을 가지고)있다	yǒu	有
(자동차, 자전거를 세는 단위)	liàng	辆
작년	qùnián	去年
잘생기다, 멋지다	shuài	帅
잠자다	shuìjiào	睡觉
장(성)	Zhāng	张
저, 저것	nà	那
저녁	wǎnshang	晚上
저녁밥	wǎnfàn	晚饭
적다	shǎo	少
점심밥	wǔfàn	午饭
조(성)	Zhào	赵

단어

졸업하다	bìyè	毕业
좀, 약간	yǒudiǎnr	有点儿
종업원	fúwùyuán	服务员
(종이를 세는 단위)	zhāng	张
좋다, 된다	xíng	行
좋다, 안녕하다	hǎo	好
좋아하다	xǐhuan	喜欢
중국어	Hànyǔ	汉语
지금	xiànzài	现在
지하철역	dìtiězhàn	地铁站
집	jiā	家
짜장면	zhájiàngmiàn	炸酱面
찾다	zhǎo	找
책	shū	书
초밥	shòusī	寿司
최(성)	Cuī	崔
춥다	lěng	冷
치킨	zhájī	炸鸡
친구	péngyou	朋友
칠(7)	qī	七
카페거리	kāfēijiē	咖啡街

단어

커피	kāfēi	咖啡
커피(단위)	bēi	杯
커피숍	kāfēitīng	咖啡厅
케이크	dàngāo	蛋糕
콜라	kělè	可乐
크다	dà	大
클래식	gǔdiǎn yīnyuè	古典音乐
태블릿PC	píngbǎn diànnǎo	平板电脑
텔레비전	diànshì	电视
토요일	xīngqīliù	星期六
파스타	yìdàlìmiàn	意大利面
판매원	shòuhuòyuán	售货员
팔(8)	bā	八
팔다	mài	卖
편의점	biànlìdiàn	便利店
피곤하다	lèi	累
PC방	wǎngbā	网吧
피자	bǐsàbǐng	比萨饼
~하고 싶다	xiǎng	想
(게임을)하다	dǎ	打
(수업을)하다	shàng	上

단어

~하지 마라	bié	别
학교	xuéxiào	学校
학생	xuésheng	学生
학생(호칭)	tóngxué	同学
한국인	Hánguó rén	韩国人
한밤	yèli	夜里
한턱내다	qǐng kè	请客
할머니	nǎinai	奶奶
할아버지	yéye	爷爷
함께, 같이	yìqǐ	一起
~해라, ~하자	ba	吧
햄버거	hànbǎo	汉堡
허튼소리하다	húshuō	胡说
헤어지다	fēnshǒu	分手
형, 오빠	gēge	哥哥
형제자매	xiōngdì jiěmèi	兄弟姐妹
화요일	xīngqīèr	星期二
화장실	xǐshǒujiān	洗手间
회	shēngyúpiàn	生鱼片
회사 직원	gōngsī zhíyuán	公司职员
회사	gōngsī	公司

단어

흐리다	yīn	阴
힘내다	jiāyóu	加油

제1과

오늘은 몇 월 며칠이죠?

주요 학습 내용

- '~는 ~월 ~일에 ~하다'를 표현하는 문형
- 날짜 묻고 답하기
- 요일 묻고 답하기

단어

월	yuè	月
일	hào	号
오늘	jīntiān	今天
내일	míngtiān	明天
모레	hòutiān	后天
어제	zuótiān	昨天
생일	shēngrì	生日
중국	Zhōngguó	中国
한국	Hánguó	韩国
요일	xīngqī	星期
일요일	xīngqītiān	星期天
	xīngqīrì	星期日
(시험)보다	kǎo	考
구술시험	kǒushì	口试
필기시험	bǐshì	笔试
여기다	yǐwéi	以为
[추측을 표현하는 조사]	ba	吧
맞다	duì	对
언제	shénme shíhou	什么时候
~조차도	dōu	都
바로	jiù	就
망하다, 끝장나다	wándàn	完蛋

문형 연습

문형기초

월 yuè 月

1) 1월 yī yuè 一月

2) 2월 èr yuè 二月

3) 3월 ______________________

4) 4월 ______________________

5) 5월 ______________________

6) 6월 ______________________

7) 7월 ______________________

8) 8월 ______________________

9) 9월 ______________________

10) 10월 ______________________

11) 11월 ______________________

12) 12월 ______________________

일 hào 号

1) 1일 yī hào 一号

2) 4일 sì hào 四号

3) 9일 ______________________

4) 11일 ______________________

5) 15일 ______________________

6) 18일 ______________________

7) 20일 ______________________ 8) 23일 ______________________

9) 26일 ______________________ 10) 31일 ______________________

기본문형1 'A는 B월 C일이다'를 표현하는 문형:

A주어 + B숫자 + 月yuè + C숫자 + 号hào

문형 노트

날짜를 표현할 때, 즉 '~월 ~일'이라는 의미를 표현할 때, '숫자+月'을 먼저 말하고 '숫자+号'을 그 다음에 말하면 된다. '号'는 주로 입말에서 쓰이는 단위이고, 글말에서는 '日 rì'를 사용하기도 한다. '오늘은 1월 12일입니다'처럼, 날짜 앞에 주어가 쓰여서 '~은 ~월 ~일이다'라는 의미를 표현할 때, 날짜를 특별히 강조해주는 경우가 아니면 일반적으로 주어 뒤에 '是'를 붙이지 않는다. 하지만 '오늘은 3월15일이 아니야'처럼, 날짜를 부정으로 표현할 때는 '不' 뒤에 '是'를 반드시 말해야 한다. '내일은 몇 월 며칠이죠?'처럼 날짜를 물을 때는 의문사 '几 jǐ'를 쓰면 된다. '나는 4월 5일에 중국 갑니다'처럼, 동작과 동작이 발생하는 날짜를 같이 말할 때는 날짜를 먼저 말한 후에 동작을 말하면 된다.

1) 오늘은 1월 3일입니다.
Jīntiān yī yuè sān hào. 今天一月三号。

2) 오늘은 2월 15일이야. ______________________

3) 내일은 2월 15일이에요. ______________________

4) 내일은 4월 18일입니다. ______________________________

5) 모레는 4월 18일이야. ______________________________

6) 모레는 9월 26일이에요. ______________________________

7) 어제는 9월 26일이야. ______________________________

8) 어제는 10월 30일입니다. ______________________________

9) 오늘은 10월 30일이야. ______________________________

10) 내일은 12월 24일입니다. ______________________________

응용문형① 'A는 B월 C일이 아니다'를 표현하는 문형:

A주어 + 不是búshì + B숫자 + 月yuè + C숫자 + 号hào

1) 오늘은 2월 4일이 아닙니다.
Jīntiān bú shì èr yuè sì hào. 今天不是二月四号。

2) 내일은 4월 1일이 아니야. ______________________________

3) 모레는 5월 16일이 아니에요. ______________________________

4) 어제는 10월 25일이 아닙니다. ______________________________

5) 내 생일은 11월 7일이 아니야. ____________________

응용문형② 'A는 몇 월 며칠입니까?'를 표현하는 문형:

A주어 + 几jǐ + 月yuè + 几jǐ+ 号hào

1) 오늘은 몇 월 며칠입니까?
Jīntiān jǐ yuè jǐ hào? 今天几月几号?

2) 내일은 몇 월 며칠이니? ____________________

3) 모레는 몇 월 며칠이죠? ____________________

4) 어제는 몇 월 며칠입니까? ____________________

5) 네 생일은 몇 월 며칠이니? ____________________

응용문형③ 'A는 B월 C일에 (D를) E하다'를 표현하는 문형 :

A주어 + B숫자 + 月yuè + C숫자 + 号hào + E동사술어 (+ D목적어)

1) 나는 2월 10일에 갑니다.
Wǒ èr yuè shí hào qù. 我二月十号去。

2) 걔는 3월 12일에 중국에 가요. ______________________

3) 걔는 5월 5일에 옵니다. ______________________

4) 내 중국친구가 6월 6일에 한국에 와. ______________________

5) 우리는 10월 10일에 구술시험 봐. ______________________

응용문형④ 'A는 몇 월 며칠에 (B를) C합니까?'를 표현하는 문형 :

A주어 + 几月几号jǐ yuè jǐ hào + C동사술어 (+ B목적어)

1) 너 몇 월 며칠에 가니?
Nǐ jǐ yuè jǐ hào qù? 你几月几号去?

2) 걔는 몇 월 며칠에 중국에 가니? ______________________

3) 걔는 몇 월 며칠에 오니? ______________________

4) 네 친구는 몇 월 며칠에 한국에 와? ______________________

5) 너희는 몇 월 며칠에 필기시험 보니? ______________________

문형기초

요일 xīngqī 星期

1) 월요일 xīngqīyī 星期一

2) 화요일 xīngqī'èr 星期二

3) 수요일 ____________________

4) 목요일 ____________________

5) 금요일 ____________________

6) 토요일 ____________________

7) 일요일 xīngqītiān/xīngqīrì 星期天/星期日

기본문형2 'A는 B요일이다'를 표현하는 문형:

A주어 + 星期xīngqī + B숫자

문형 노트

'星期' 다음에 숫자를 一부터 六까지 붙이면 월요일부터 토요일까지를 표현하게 되고, 일요일은 '星期' 뒤에 '天'이나 '日'를 붙이면 된다. '오늘은 목요일입니다'처럼 앞에 주어가 쓰여서, '~은 ~요일이다'라는 의미를 표현할 때, 날짜를 나타낼 때와 마찬가지로, 특별히 강조해주는 경우가 아니면 일반적으로 주어 뒤에 '是'를 붙이지 않는다. 단, '오늘은 목요일이 아니에요'처럼 부정으로 표현할 때는 '不' 뒤에 '是'를 반드시 말해야 한다. 무슨 요일인지 물을 때는 의문사 '几 jǐ'를 쓰면 된다.

1) 오늘은 월요일입니다.

Jīntiān xīngqīyī. 今天星期一。

2) 오늘은 화요일이에요. ______________________________

3) 내일은 수요일이야. ______________________________

4) 내일은 목요일입니다. ______________________________

5) 모레는 금요일이야. ______________________________

6) 모레는 토요일입니다. ______________________________

7) 어제는 일요일이에요. ______________________________

8) 어제는 토요일이야. ______________________________

9) 오늘은 목요일입니다. ______________________________

10) 내일은 토요일이야. ______________________________

응용문형① 'A는 B요일이 아니다'를 표현하는 문형:

A주어 + 不是búshì + 星期xīngqī + B숫자

1) 오늘은 월요일이 아닙니다.

Jīntiān bú shì xīngqīyī. 今天不是星期一。

2) 내일은 화요일이 아니야. ____________________

3) 모레는 수요일이 아니에요. ____________________

4) 어제는 목요일이 아니야. ____________________

5) 내 생일은 금요일이 아니에요. ____________________

응용문형② 'A는 무슨 요일입니까?'를 표현하는 문형 :

A주어 + 星期几

1) 오늘은 무슨 요일입니까?
Jīntiān xīngqī jǐ ? 今天星期几?

2) 내일은 무슨 요일입니까? ____________________

3) 모레는 무슨 요일입니까? ____________________

4) 어제는 무슨 요일입니까? ____________________

5) 네 생일은 무슨 요일이니? ____________________

회화 연습

1. 동주와 李娜가 서로의 생일이 언제인지 이야기 나눈다.

동주 : Jīntiān jǐ yuè jǐ hào?
今天几月几号?

李娜 : Jīntiān jiǔ yuè yī❶ hào.
今天九月一号。

동주 : Nà míngtiān bú shì nǐ de shēngrì ma?
那明天不是你的生日吗?

李娜 : Bú shì, wǒ de shēngrì shì shí yuè èr hào.
不是，我的生日是十月二号。

동주 : Shì ma? Wǒ yǐwéi nǐ de shēngrì shì jiǔ yuè èr hào.
是吗? 我以为❷你的生日是九月二号。

李娜 : Nǐ de shēngrì shì shí'èr yuè shí hào ba?
你的生日是十二月十号吧❸?

동주 : Duì.
对。

2. 동주와 李娜에게 시험 날짜가 언제인지 묻는다.

동주 : Lǐ nà, wǒmen shénme shíhou kǎoshì?
李娜，我们什么时候考试?

李娜 : Nǐ yě zhēn shì de, shénme shíhou kǎoshì dōu bù zhīdao ma?
你也真是的[4]，什么时候考试都不知道吗?

동주 : Nǐ kuài shuō ba.
你快说吧。

李娜 : Wǒmen xīngqīsì shàngwǔ shí diǎn kǎoshì.
我们星期四上午十点考试。

동주 : Jīntiān xīngqī jǐ?
今天星期几？

李娜 : Xīngqīsān.
星期三。

동주 : Á? Míngtiān jiù kǎoshì a? Wándàn le.
啊[5]? 明天就考试啊？完蛋了！

회화 노트

❶ Jīntiān jiǔ yuè **yī** hào.

숫자 '一'는 '하나'의 의미를 나타낼 때는 뒤에 오는 음절의 성조에 따라 그 성조가 변하지만, 서수일 때, 즉 '첫 번째'라는 의미를 나타낼 때는 그 성조가 변하지 않는다. 예) 第一课 dì yī kè, 一月一号 yī yuè yī hào

❷ 我**以为**你的生日是九月二十二号。

동사 '以为'는 '~라고 여기다'라는 의미인데, 어떤 판단이 잘못된 판단이었다는 것을 나중에 알고 나서, '~라고 잘못 여겼다'라는 의미를 나타낼 때 주로 쓰인다.

❸ 你的生日是十二月十号**吧**?

'추측'의 뉘앙스를 나타날 때, 즉, '~이지요?', '~인 것 맞죠?' 등의 뉘앙스를 나타낼 때 문장의 끝에 어기조사 '吧'를 사용한다.

❹ **你也真是的**

'真是的'는 주로 문장의 맨 앞에서 쓰여서, 어떤 일이 어이없거나 황당하다는 느낌을 표현하는데, 우리말의 '참 나!'와 유사한 느낌을 나타낸다. '你也'와 같이 쓰이면 '너도 참!', '너도 정말!'이라는 느낌을 나타낸다.

❺ **啊**? 明天就有考试**啊**?

'啊'는 문장의 맨 앞에서 놀람이나 의외의 느낌을 나타내는 감탄사로 쓰이기도 하고, 문장의 맨 뒤에서 의문의 뉘앙스를 나타내는 어기조사로 쓰이기도 한다.

실전 연습

1. 녹음에서 들려주는 문장의 한어병음을 적으세요.

1) ______________________________

2) ______________________________

3) ______________________________

2. 녹음을 듣고 아래 질문에 대답하세요.

1) 今天几月几号？

2) 女的的生日是几月几号？

3. 주어진 문장을 최대한 자연스러운 말투로 읽으세요.

1) Shì ma? Wǒ yǐwéi nǐ de shēngrì shì jiǔ yuè èr hào.

2) Nǐ yě zhēn shì de, shénme shíhou kǎoshì dōu bù zhīdao ma?

3) Á? Míngtiān jiù kǎoshì a? Wándàn le.

4. 자신의 상황에 맞게 주어진 질문에 대답하세요.

1) 今天几月几号？

2) 你的生日是几月几号？

3) 今天星期几？

5. 주어진 중국어 단어의 한어병음과 뜻을 적으세요.

1) 后天 __________ __________

2) 星期天 __________ __________

3) 中国 __________ __________

4) 昨天 __________ __________

5) 对 __________ __________

6) 完蛋 __________ __________

6. 주어진 단어를 어순에 맞게 배열하세요.

1) 四号 / 是 / 不 / 二月 / 今天 / 。

2) 三月 / 中国 / 他 / 去 / 十二号去 / 。

3) 我 / 星期五 / 的 / 是 / 不 / 生日 / 。

7. 주어진 한어병음을 한자로 바꿔 쓰세요.

1) Míngtiān èr yuè shíwǔ hào.

2) Nǐ péngyou jǐ yuè jǐ hào lái Hánguó?

3) Zuótiān bú shì xīngqīsì.

8. 주어진 우리말을 중국어(한자)로 옮기세요.

1) 걔는 몇 월 며칠에 오니?

2) 내일은 수요일이야.

3) 내 생일은 금요일이 아니에요.

중국 문화 산책

중국은 다민족 국가

중국은 56개의 민족으로 구성된 다민족 국가이며, 한족이 총인구의 91.59%를 차지하고 나머지는 55개 소수민족으로 이루어져 있다.

소수민족은 중국 각 지역에 널리 분포하며, 그들만의 풍속 예술 언어 종교 등 독특하고 다채로운 문화를 보유하고 있다. 자신들의 역사 문화 속에서 신화 전설 시가 등의 풍부한 문학작품을 생산하였으며, 또한 예술영역에서도 독특한 민족 가무와 악기를 만들어내었다.

소수민족 중 인구가 가장 많은 민족은 장족으로 1600만 명에 이른다. 인구가 500만 이상인 소수민족이 9개, 100만에서 500만인 소수민족이 9개에 달한다.

현재 중국은 소수민족 중 인구가 대략 1,000만 명이 넘으면 자치구로 인정해주는데, 중국의 동북지역에 있는 조선족은 약 200만 명 정도이므로 조선족 자치주로 정했다.

소수민족이 가장 많이 살고 있는 지역은 운남성으로 35개 민족이 거주하고 있다.

제2과

나에게 문자 보내.

주요 학습 내용

- '~가 ~에게 ~하다'를 표현하는 문형
- '~해도 된다'를 표현하는 문형
- 휴대폰 번호 묻고 답하기

단어

~에게	gěi	给
(전화)하다	dǎ	打
전화	diànhuà	电话
(문자를)보내다	fā	发
문자	duǎnxìn	短信
메일	diànzǐ yóujiàn	电子邮件
편지	xìn	信
쓰다	xiě	写
소개하다	jièshào	介绍
~해도 된다	kěyǐ	可以
~할 수 있다	néng	能
노래하다	chànggē	唱歌
춤추다	tiàowǔ	跳舞
수영하다	yóuyǒng	游泳
담배	yān	烟
피다	chōu	抽
번호	hàomǎ	号码
휴대폰	shǒujī	手机
방	fángjiān	房间
0[숫자]	líng	零(〇)
사무실	bàngōngshì	办公室

만약	rúguǒ	如果
질문, 문제	wèntí	问题
~하다면	dehuà	的话
~할 때	shí	时
그러나	búguò	不过
(전화를)받다	jiē	接
천만에요	bú xiè	不谢
유학생	liúxuéshēng	留学生
베트남	Yuènán	越南

문형 연습

기본문형1 'A가 B에게 (C를) D하다'를 표현하는 문형:

A주어 + 给gěi + B주어 + D동사술어 (+ C목적어)

문형 노트

'내가 너에게 전화할게'처럼 어떤 동작과 그 동작이 미치는 대상을 같이 말할 때, 즉 '~가 ~에게 (~을) 하다'라는 의미를 표현할 때, '给+사람'을 먼저 말한 후에 동작을 말하면 된다. 단, 동작에 따라 '~에게'를 표현하는 방식이 각각 다를 수 있다. '너 누구에게 전화하니?'처럼 동작이 미치는 대상을 물어볼 때는 '谁 shéi'를 쓰면 되고, '나는 걔한테 전화하지 않아요'처럼 부정을 나타낼 때는 '不 bù'를 '给+사람' 앞에 둔다.

1) 제가 당신께 전화 드리겠습니다.
Wǒ gěi nín dǎ diànhuà. 我给您打电话。

2) 네가 걔한테 전화해. ________________

3) 네가 걔한테 문자 보내라. ________________

4) 걔는 걔 친구에게 문자 보냅니다. ________________

5) 걔는 걔 친구에게 메일을 보내요. ________________

6) 걔 친구가 나에게 메일 보냅니다. ____________________

7) 걔 친구가 나에게 편지를 씁니다. ____________________

8) 나는 내 친구에게 편지를 써요. ____________________

9) 내가 너에게 내 룸메이트를 소개할게. ____________________

10) 걔는 나에게 걔 룸메이트를 소개합니다. ____________________

응용문형① 'A가 누구에게 (B를) C합니까?'를 표현하는 문형:

A주어 + 给gěi + 谁shéi + C동사술어 (+ B목적어)

1) 너 누구에게 전화하니?
Nǐ gěi shéi dǎ diànhuà ? 你给谁打电话?

2) 쟤가 누구에게 전화하나요? ____________________

3) 너 누구에게 문자 보내니? ____________________

4) 걔가 누구에게 메일 보내는 거야? ____________________

5) 네 친구는 누구에게 편지 써? ____________________

응용문형② 'A가 B에게 (C를) D하지 않습니다'를 표현하는 문형:

A주어 + 不bù + 给gěi + B주어 + D동사술어 (+ C목적어)

1) 그가 나에게 전화하지 않습니다.
Tā bù gěi wǒ dǎ diànhuà. 他不给我打电话。

2) 나는 걔한테 전화하지 않아. ____________________

3) 나는 아버지한테 문자 보내지 않아요. ____________________

4) 우리는 선생님께 메일 보내지 않습니다. ____________________

5) 누나는 나에게 편지 쓰지 않아. ____________________

기본문형2 'A는 (B를) C해도 된다'를 표현하는 문형:

A주어 + 可以kěyǐ + C동사 (+ B목적어)

문형 노트

'나에게 전화해도 됩니다', '여기는 담배필 수 있습니다'처럼 어떤 동작에 대한 허가를 나타낼 때, 즉 '~는 (~을) ~해도 된다', '~할 수 있다'등의 의미를 표현할 때, 동사 앞에 '可以'를 사용하면 된다. '내가 당신께 전화해도 됩니까?'처럼 허가를 받는 의문을 나타낼 때는 문장 끝에 조사 '吗 ma'를 붙이거나, '可(以)不可以 kě(yǐ)bukěyǐ'를 동사 앞에 쓰면 된다. 허가하지 않음을 나타낼 때는 '不能 bù néng'이 자주 쓰인다.

1) 너는 쉬어도 된다.

Nǐ kěyǐ xiūxi. 你可以休息。

2) 너는 잠 잘 수 있어. ________________

3) 너는 집에 가도 돼. ________________

4) 걔는 텔레비전을 봐도 돼요. ________________

5) 너는 메일을 보내도 됩니다. ________________

6) 너는 문자를 보내도 됩니다. ________________

7) 너는 노래할 수 있어. ________________

8) 여기는 춤 춰도 돼요. ________________

9) 여기는 수영할 수 있어요. ________________

10) 여기는 담배를 필 수 있어요. ________________

응용문형① 'A가 (B를) C해도 됩니까?'를 표현하는 문형:

A주어 + 可以kěyǐ + C동사 (+ B목적어) + 吗

1) 내가 쉬어도 됩니까?

Wǒ kěyǐ xiūxi ma ? 我可以休息吗?

2) 나는 집에 가도 되나요? ______________________

3) 내가 텔레비전을 봐도 되나요? ______________________

4) 내가 문자를 보내도 되나요? ______________________

5) 여기는 담배를 필 수 있습니까? ______________________

응용문형② 'A는 (B를) C하면 안됩니다'를 표현하는 문형:

A주어 + 不能bù néng + C동사 (+ B목적어)

1) 너는 쉬면 안 돼.
   Nǐ bù néng xiūxi. 你不能休息。

2) 너희들 잠자면 안 돼. ______________________

3) 여기는 수영할 수 없어요. ______________________

4) 여기는 춤추면 안 됩니다. ______________________

5) 여기는 담배를 필 수 없어. ______________________

기본문형3 'A 번호가 B이다'를 표현하는 문형:

A명사 + 号码hàomǎ + 是shì + B숫자

문형 노트

전화번호나 방번호를 말할 때, 즉 '~번호가 ~이다'라는 의미를 표현할 때, '~号码' 뒤에 동사 '是'를 쓰고 그 뒤에 해당 번호를 말하면 된다. 번호를 말할 때는 숫자를 하나씩 읽는데, 만약 번호에 '一'가 있으면, 'yī'로 발음하지 않고 'yāo'로 발음한다. '번호가 뭐야?'처럼 전화번호나 방번호를 물을 때, '什么'가 아니라 '多少'를 이용해서 묻는다.

1) 전화번호가 61102109입니다.
Diànhuà hàomǎ shì liù yāo yāo líng èr yāo líng jiǔ. 电话号码是61102109。

2) 전화번호가 0225667780이야. ______

3) 전화번호가 25661495이에요. ______

4) 휴대폰 번호가 01090903004입니다. ______

5) 휴대폰 번호가 821090903584입니다. ______

6) 휴대폰 번호가 18516143791이에요. ______

7) 휴대폰 번호가 8618516143325입니다. ______

8) 방 번호가 101호입니다. ______

9) 방 호수가 1007호이야. ______________________________

10) 방 번호가 1234호입니다. ______________________________

응용문형① 'A의 B번호는 C이다'를 표현하는 문형:

A사람 + 的de + B명사 + 号码hàomǎ + 是shì + C숫자

1) 내 전화번호는 21738888입니다.
Wǒ de diànhuà hàomǎ shì èr yāo qī sān bā bā bā bā. 我的电话号码是21738888。

2) 사무실의 전화번호는 6402149입니다. ______________________________

3) 나의 휴대폰 번호가 01091923684이야. ______________________________

4) 개의 휴대폰 번호는 13513886589이야. ______________________________

5) 내 친구의 방 호수는 408호입니다. ______________________________

응용문형② 'A의 B번호가 어떻게 됩니까?'를 표현하는 문형:

A사람 + 的de + B + 号码hàomǎ + 是shì + 多少duōshao

1) 당신 전화번호가 어떻게 됩니까?
   Nín de diànhuà hàomǎ shì duōshao ? 您的电话号码是多少?

2) 사무실의 전화번호가 어떻게 됩니까? ____________________

3) 너 휴대폰 번호가 어떻게 되니? ____________________

4) 걔의 휴대폰 번호가 뭐야? ____________________

5) 너 방번호가 어떻게 되니? ____________________

회화 연습

1. 현경이가 선생님께 질문이 있을 때 전화해도 되냐고 묻는다.

현경 : Lǎoshī, nín yǒu shǒujī ma ?
老 师 , 您 有 手 机 吗 ?

老师 : Yǒu.
有。

현경 : Hàomǎ shì duōshao ?
号 码 是 多 少 ?

老师 : Yāo bā wǔ qī liù sān èr sān líng líng sì.
1 8 5 7 6 3 2 3 0 0 4。

현경 : Rúguǒ wǒ yǒu wèntí de huà, kěyǐ gěi nín dǎ diànhuà ma ?
如 果[1]我 有 问 题 的 话 , 可 以 给 您 打 电 话 吗 ?

老师 : Kěyǐ, búguò wǒ shàngkè shí, bù jiē diànhuà.
可 以, 不 过 我 上 课 时[2] , 不 接 电 话。

Rúguǒ wǒ bù jiē diànhuà, nà nǐ gěi wǒ fā duǎnxìn ba.
如 果 我 不 接 电 话 , 那 你 给 我 发 短 信 吧。

현경 : Hǎo de, xièxie lǎoshī.
好的❸，谢谢老师。

老师 : Bú xiè.
不谢❹。

2. 선생님이 동주에게 어디 사냐고 묻는다.

老师 : Nǐ zhù nǎr ?
你住哪儿?

동주 : Wǒ zhù liúxuéshēng sùshè.
我住留学生宿舍。

老师 : Nǐ de fángjiān hàomǎ shì duōshao ?
你的房间号码❺是多少？

동주 : Wǒ de fángjiān hàomǎ shì sì yāo wǔ.
我的房间号码是4 1 5。

老师 : Nǐ yǒu shìyǒu ma ?
你有室友吗?

동주 : Yǒu.
有。

老师 : Tā yě shì Hánguó rén ma ?
他也是韩国人吗?

동주 : Bú shì, tā shì Yuènán rén.
不是，他是越南人。

회화 노트

❶ 如果我有问题的话

어떤 상황에 대한 가정을 표현할 때, 즉 '만약에 ~하다면'이라는 의미를 표현할 때, 문장의 맨 앞에 접속사 '如果'를 사용하면 된다. '的话'는 문장의 맨 끝에 쓰여 가정을 나타내는 조사인데, '如果'와 같이 쓰여도 되고, 둘 중 하나만 쓰여도 된다.

❷ 不过我上课时

'时'는 '밥 먹을 때', '공부할 때'처럼 '~할 때'라는 의미를 표현할 때쓰인다. 밥 먹을 때 → 吃饭时 chī fàn shí , 중국어 공부할 떼 → 学汉语时 xué Hànyǔ shí

❸ 好的

조사 '的'는 긍정의 대답으로 쓰이는 '好'와 같이 쓰일 때, 좀 더 정식적이고 명확한 느낌을 나타낸다.

❹ 不谢

상대방이 고마움을 표현할 때, '천만에요', '별말씀을요' 등의 뜻으로 '不谢'라고 답하면 된다. 고마움에 대한 대답으로는 '不谢' 외에도, '不客气 bú kèqi', '不用谢 bú yòng xiè', '没事儿 méishìr', '谢什么呀 xiè shénme ya' 등이 자주 쓰인다.

❺ 你的房间号码是多少?

방 호수를 물을 때, '房间是多少号?'로 물어도 무방하다.

실전 연습

1. 녹음에서 들려주는 문장의 한어병음을 적으세요.

1) ______________________

2) ______________________

3) ______________________

2. 녹음을 듣고 아래 질문에 대답하세요.

1) 女的手机号码是多少？

2) 女的房间号码是多少？

3. 주어진 문장을 최대한 자연스러운 말투로 읽으세요.

1) Rúguǒ wǒ yǒu wèntí de huà, kěyǐ gěi nín dǎ diànhuà ma ?

2) Hǎo de, xièxie lǎoshī.

3) Nǐ zhù nǎr ?

4. 자신의 상황에 맞게 주어진 질문에 대답하세요.

1) 你有没有手机？ 号码是多少？

2) 你住哪儿？

3) 你有越南朋友吗？

5. 주어진 중국어 단어의 한어병음과 뜻을 적으세요.

1) 短信 __________ __________

2) 电子邮件 __________ __________

3) 唱歌 __________ __________

4) 烟 __________ __________

5) 办公室 __________ __________

6) 留学生 __________ __________

6. 주어진 단어를 어순에 맞게 배열하세요.

1) 可以 / 你 / 电子邮件 / 发 / 。

2) 不 / 这儿 / 跳舞 / 能 / 。

3) 的 / 多少 / 号码 / 电话 / 办公室 / 是?

7. 주어진 한어병음을 한자로 바꿔 쓰세요.

1) Wǒ gěi wǒ péngyou xiě xìn.

2) Nǐ gěi shéi fā duǎnxìn?

3) Nǐ de shǒujī hàomǎ shì duōshao?

8. 주어진 우리말을 중국어(한자)로 옮기세요.

1) 걔는 나에게 걔 룸메이트를 소개합니다.

2) 우리는 선생님께 메일 보내지 않습니다.

3) 여기는 담배를 필 수 있습니까?

중국 문화 산책

중국의 언어와 문자

다민족 국가로 이루어진 중국은 국토가 남한의 100배 정도인 960만㎢로 각 지역 방언의 차이도 심하여 같은 민족, 같은 지역 내에서도 말이 잘 안 통하는 경우가 적지 않다.

중국어의 발음은 자음, 모음, 성조의 세 요소로 이루어져 있으며, 성조가 다르면 뜻이 달라지므로 특히 성조에 주의해야 한다. 예를 들어 mā (妈), má (麻), mǎ (马), mà (骂) 라는 발음에서 자음 [m], 모음 [a]는 동일하지만 성조가 다르므로 뜻도 다르다.

현재 중국에서 사용하는 한자는 우리나라에서 쓰는 정체자(번체자)와 달리 간체자를 사용하며, 한자의 발음표기는 한어병음 표기법을 사용한다. 예를 들어 '한국'을 한자로 표기할 때 우리는 '韓國'이라고 쓰지만, 중국에서는 '韩国'로 쓰고 발음기호는 Hánguó로 표기한다.

제3과

수박 한 근에 얼마죠?

주요 학습 내용

- '~는 하나에 (가격이) ~이다'를 표현하는 문형
- '이것은 ~가 ~한 ~이다'를 표현하는 문형
- 가격 묻고 답하기

단어

위안[화폐 단위]	yuán	元
쿠아이[화폐 단위]	kuài	块
마오[화폐 단위]	máo	毛
수박	xīguā	西瓜
근	jīn	斤
사과	píngguǒ	苹果
귤	júzi	橘子
배	lí	梨
노트	běnzi	本子
생수	kuàngquánshuǐ	矿泉水
얼마	duōshao	多少
여지	lìzhī	荔枝
맛	wèidao	味道
날씨	tiānqì	天气
컴퓨터	diànnǎo	电脑
주인, 사장	lǎobǎn	老板
달다	tián	甜
맛보다	cháng	尝
한번, 잠시	yíxiàr	一下儿
그리고, 또	háiyǒu	还有
당연하다	dāngrán	当然

[놀라움이나 아픔을 나타내는 감탄사]	yò	哟
비싸다	guì	贵
원하다	yào	要
시장	shìchǎng	市场
[이해나 납득을 나타내는 감탄사]	ò	噢
싸다	piányi	便宜
느끼다	juéde	觉得

문형 연습

문형기초

문형 노트

사물의 가격을 나타내려면 먼저 중국 화폐(人民币 rénmínbì) 단위를 알아야 한다. 중국의 공식적인 화폐단위는 각각 '元 yuán', '角 jiǎo', '分 fēn'인데, 입말에서는 '块 kuài', '毛 máo', '分 fēn'이 주로 쓰인다. 제일 작은 단위인 '分 fēn'은 지금은 거의 쓰이지 않는다. 금액을 말할 때 끝자리로 오는 '毛'와 '分'은 생략할 수 있다.

kuài 块

1) 1위안 yí kuài 一块

2) 2위안 liǎng kuà 两块

3) 19위안 ______________

4) 55위안 ______________

5) 88위안 ______________

6) 92위안 ______________

7) 100위안 ______________

8) 260위안 ______________

máo 毛

1) 1.6위안 yí kuài liù(máo) 一块六(毛)

2) 1.2위안 ______________

3) 2.5위안 ____________________

4) 2.8위안 ____________________

5) 5.6위안 ____________________

6) 8.3위안 ____________________

기본문형1 'A는 한 B에 (가격이) C이다'를 표현하는 문형:

A주어 + C금액 + 一 + B단위

문형 노트

'수박은 한 근에 3위엔입니다', '커피가 한 잔에 24위엔이에요'처럼, 어떤 사물의 단위당 가격을 나타낼 때, 즉 '~는 한 근에 ~이다', '~가 한 개에 ~이다' 등을 나타낼 때, 일반적으로 사물과 그 사물의 단위당 금액을 먼저 말하고, 그 뒤에 '一+사물의 단위'를 말하면 된다. 가격이 얼마인지 물을 때는 금액을 나타내는 자리에 '多少钱 duōshao qián'을 쓰면 된다.

1) 수박이 한 근에 1.6위안입니다.
Xīguā yí kuài liù(máo) yì jīn. 西瓜一块六(毛)一斤。

2) 사과가 한 근에 2.8위안이에요. ____________________

3) 귤이 한 근에 3.2위안이야. ____________________

4) 배가 한 근에 4.4위안입니다. ______________________________

5) 커피가 한 잔에 26위안입니다. ______________________________

6) 맥주가 한 잔에 10위안이야. ______________________________

7) 맥주가 한 병에 12위안이에요. ______________________________

8) 콜라가 한 병에 8위안입니다. ______________________________

9) 노트가 한권에 6위안입니다. ______________________________

10) 생수가 한 병에 5.5위안이에요. ______________________________

응용문형① 'A는 한 B에 얼마입니까?'를 표현하는 문형:

A주어 + 多少钱duōshao qián + 一 + B단위

1) 수박은 한 근에 얼마에요?
   Xīguā duōshao qián yì jīn? 西瓜多少钱一斤？

2) 귤이 한 근에 얼마에요? ______________________________

3) 여지가 한 근에 얼마에요? ______________________________

4) 커피가 한 잔에 얼마에요? ______________________________

5) 이것은 하나에 얼마에요? ______________________________

기본문형2 '이것은 A가 B한 C이다'를 표현하는 문형:

这zhè + 是shì + A사람 + B동작 + 的de + C사물

문형 노트

'이것은 그녀가 보낸 문자입니다'처럼 어떤 문장(그녀가 보내다)이 어떤 명사(문자)를 수식할 때, 수식하는 문장과 수식을 받는 명사 사이에 조사 '的'를 써야 한다. '이것은 그녀가 보낸 것입니다'처럼 수식을 받는 명사를 구체적으로 말하지 않고 '~한 것'으로 표현할 때는 '的' 뒤의 명사를 생략하면 된다. '이것은 그녀가 보낸 것이 아닙니다'처럼 부정을 나타낼 때는 '是' 앞에 '不'를 붙이면 된다.

1) 이것은 그녀가 보낸 문자입니다.
Zhè shì tā fā de duǎnxìn. 这是她发的短信。

2) 이것은 엄마가 보낸 문자입니다. ______________________________

3) 이것은 엄마가 쓴 편지입니다. ______________________________

4) 이것은 아버지가 쓴 편지입니다. ______________________________

5) 이것은 아버지가 좋아하시는 맥주입니다. ______________________________

6) 이것은 형이 좋아하는 맥주입니다. ______________________________

7) 이것은 형이 마신 커피입니다. ______________________________

8) 이것은 누나가 마신 커피입니다. ______________________________

9) 이것은 누나가 산 여지입니다. ______________________________

10) 이것은 내가 산 여지입니다. ______________________________

응용문형① '이것은 A가 B한 것이다'를 표현하는 문형:

这zhè + 是shì + A사람 + B동작 + 的de

1) 이것은 그녀가 보낸 것입니다.
   Zhè shì tā fā de. 这是她发的。

2) 이것은 엄마가 쓴 것입니다. ______________________________

3) 이것은 아버지가 좋아하시는 것입니다. ______________________________

4) 이것은 형이 마신 것입니다. ______________________________

5) 이것은 내가 산 것입니다. ______________________________

응용문형② 이것은 A가 B한 것이 아니다'를 표현하는 문형:

这zhè + 不是búshì + A사람 + B동작 + 的de

1) 이것은 그녀가 보낸 것이 아닙니다.
   Zhè bú shì tā fā de. 这不是她发的。

2) 이것은 엄마가 쓴 것이 아닙니다. ______________________________

3) 이것은 아버지가 좋아하시는 것이 아닙니다. ______________________

4) 이것은 형이 마신 것이 아닙니다. ______________________________

5) 이것은 내가 산 것이 아닙니다. ________________________________

기본문형3 'A는 어떻습니까?'를 표현하는 문형:

A사람/사물 + 怎么样zěnmeyàng

문형 노트

'맛이 어떻습니까?'처럼 어떤 사람이나 사물에 대해 상대방의 의견이나 느낌을 물을 때, 즉 '~는 어떻습니까?'의 의미를 표현할 때, 사물을 나타내는 말 뒤에 의문사 '怎么样?'을 쓰면 된다. '커피 마시는 것 어떻습니까?'처럼 어떤 제안을 하고 나서 그 제안에 대해 상대방의 의견을 물을 때도 역시 문장 끝에 '怎么样?'이라고 말하면 된다.

1) 맛이 어떻습니까?

Wèidao zěnmeyàng? 味道怎么样?

2) 수박이 어때요? ______________________________

3) 여지가 어때? ______________________________

4) 커피가 어때요? ______________________________

5) 맥주가 어떻습니까? ______________________________

6) 날씨가 어때요? ______________________________

7) 걔 어때? ______________________________

8) 너희들 선생님 어때? ______________________________

9) 학교의 컴퓨터가 어때요? ______________________________

10) 학교의 기숙사가 어때요? ______________________________

응용문형① 'A를 B하는 것이 어떻습니까?'를 표현하는 문형:

B동사술어 + A목적어 + 怎么样zěnmeyàng

1) 커피를 마시는 것이 어때요?
Hē kāfēi zěnmeyàng? 喝咖啡怎么样?

2) 컴퓨터 사는 것 어때? ______________________________

3) 그에게 문자 보내는 것 어때? ______________________________

4) 양꼬치 먹는 것 어때요? ______________________________

5) 중국어 공부하는 것 어때요? ______________________________

회화 연습

1. 동주가 시장에서 과일을 산다.

동주 : Nǐ hǎo, xīguā tián bu tián ?
你好，西瓜甜不甜？

老板 : Fēicháng tián, nín cháng yí xiàr.
非常甜，您尝一下儿[1]。

동주 : hǎochī! Duōshao qián yì jīn ?
好吃！多少钱一斤[2]?

老板 : Yí kuài bā yì jīn.
一块八一斤。

동주 : Hái yǒu, zhèr yǒu méi yǒu lìzhī ?
还有[3]，这儿有没有荔枝？

老板 : Dāngrán yǒu , lìzhī èrshí kuài yì jīn.
当然有，荔枝二十块一斤。

동주 : Yò, tài guì le. Wǒ yào wǔ jīn xīguā. Duōshao qián ?
哟, 太贵了。我要五斤西瓜。多少钱？

老板 : Jiǔ kuài.
九 块。

2. 동주와 李娜가 시장에서 산 과일에 대해 이야기 나눈다.

李娜 : Nǐ zài shìchǎng mǎi shénme le?
你 在 市 场 买 什 么 了 ?

동주 : Mǎi xīguā le.
买 西 瓜 了。

李娜 : Lìzhī ne ?
荔 枝 呢 ?

동주 : Méi mǎi, lìzhī tài guì le.
没 买 , 荔 枝 太 贵 了。

李娜 : Shì ma? Wǒ zuótiān mǎi de lìzhī bú guì.
是 吗 ? 我 昨 天 买 的 荔 枝 不 贵。

동주 : Nǐ mǎi de duōshao qián yì jīn?
你 买 的 多 少 钱 一 斤?

李娜 : Shíwǔ kuài qián.
十 五 块 钱[4]。

동주 : Ò, hěn piányi. Wèidao zěnmeyàng ? tián ma?
噢，很便宜。味道怎么样？甜吗?

李娜 : Wǒ juéde hái kěyǐ.
我觉得还可以❺。

회화 노트

❶ 您尝一下儿

'一下儿'은 '한번', '잠시', '좀' 등의 의미를 나타내는데, 동사와 같이 쓰일 때 우리말 어순과 다르게 동사 뒤에 위치한다.

❷ 多少钱一斤

우리나라에서는 과일, 생선 등의 농수산물을 대부분 개수 단위로 팔지만, 중국은 대부분 무게 단위로 판다. 무게 단위 중 제일 기본이 되는 단위가 '斤'이고, '斤'은 모든 사물에 있어서 동일하게 500g이다. 사람의 무게를 나타낼 때도 kg을 의미하는 '公斤 gōngjīn' 대신에 '斤'으로 말하기도 한다.

❸ 还有, 这儿有没有荔枝?

접속사 '还有'는 주로 문장의 앞이나 문장과 문장의 사이에 쓰여, '그리고', '또'의 의미를 나타낸다. 주로 입말에서 쓰인다.

❹ 十五块钱

입말에서 금액을 나타내는 말 뒤에 '钱'을 붙여서 말하기도 한다.

❺ 我觉得还可以

'可以'는 '~해도 된다'라는 뜻 외에도, '괜찮다'라는 뜻도 지니고 있다. 주로 '그런대로'라는 뜻의 '还'와 같이 쓰인다.

실전 연습

1. 녹음에서 들려주는 문장의 한어병음을 적으세요.

1) ______________________

2) ______________________

3) ______________________

2. 녹음을 듣고 아래 질문에 대답하세요.

1) 西瓜多少钱一斤？

2) 荔枝多少钱一斤？

3. 주어진 문장을 최대한 자연스러운 말투로 읽으세요.

1) Fēicháng tián, nín cháng yí xiàr.

2) Yò, tài guì le.

3) Lìzhī ne ?

4. 자신의 상황에 맞게 주어진 질문에 대답하세요.

1) 你喜欢吃什么水果？

2) 韩国西瓜贵不贵？　多少钱？

3) 荔枝的味道怎么样？

5. 주어진 중국어 단어의 한어병음과 뜻을 적으세요.

1) 苹果 __________ __________

2) 本子 __________ __________

3) 天气 __________ __________

4) 电脑 __________ __________

5) 当然 __________ __________

6) 便宜 __________ __________

6. 주어진 단어를 어순에 맞게 배열하세요.

1) 一斤 / 八毛 / 两块 / 苹果 / 。

2) 发 / 这 / 短信 / 是 / 的 / 妈妈 / 。

3) 怎么样 / 学校 / 宿舍 / 的 / ?

7. 주어진 한어병음을 한자로 바꿔 쓰세요.

1) Píjiǔ shíèr kuài yì píng.

2) Zhè shì bàba xǐhuan de.

3) Chī yángròuchuànr zěnmeyàng?

8. 주어진 우리말을 중국어(한자)로 옮기세요.

1) 커피가 한 잔에 26위안입니다.

2) 귤이 한 근에 얼마에요?

3) 이것은 형이 마신 커피입니다.

중국 문화 산책

중국의 영화

중국어 공부를 시작하는 사람들에게 물어보면, 흔히들 중국어를 가장 처음 접하게 된 계기나 중국어 공부로 이끈 동기가 된 것이 바로 중국 영화라고 말하는 경우가 많다. 특히 1970-80년대에 홍콩의 무협영화가 우리나라에서 큰 붐을 일으켰고 그로 인해 중국영화는 곧 무협영화라는 이미지로 인식되기도 했다.

중국에서 최초로 영화가 상영된 것은 1896년 8월11일 상해에서였고, 1903년에는 북경에서 최초로 중국인이 만든 영화가 상영되었다.

중국 영화 중에서 우리에게 가장 먼저 친숙해진 것은 홍콩영화이다. 홍콩의 영화 산업은 1896년에서 1932년까지의 맹아기를 거친 뒤로 1960-70년대에는 무려 62편의 영화가 제작되었다. 하지만 1960년대 들어서면서 광동어로 제작된 홍콩영화는 점차 침체기로 들어서기 시작했다.

1970년대에는 대중문화가 급성장한 시기로, 이소룡(李小龍 Lǐ Xiǎolóng)이 등장하면서 쿵푸영화가 크게 붐을 일으키게 된다. 이후 성룡(成龍 Chéng Lóng)이 쿵푸와 코미디를 결합한 새로운 형태의 영화로 폭발적인 인기를 누리게 되었다.

1980년대 들어서는 암흑세계의 영웅을 소재로 한 느와르 영화가 유행하였는데, 대표작인 '영웅본색' 시리즈가 당시 선풍적인 인기를 모았다..

1990년대에 들어서는, 주성치(周星馳 Zhōu Xīngchí)가 모레이타우(無厘頭, nonsense talk)라고 하는 코미디 장르로 광동어 영화의 새로운 제왕으로 자리 잡았고, 서극(徐克 Xú Kè)의 '천녀유혼', 진가신(陳可辛 Chén Kěxīn)의 '첨밀밀', 왕가위(王家衛 Wáng Jiāwèi)의 '중경삼림', '해피 투게더'가 인기를 얻었지만, 1997년 홍콩 반환으로 홍콩의 영화산업은 침체일로로 치닫게 되었다.

2000년대 이후로는 중화권에 불어 닥친 한류 열풍으로 한국의 영화나 드라마가 현지에서 각광을 받고 있는 실정이다.

제4과

너무 비싸요, 좀 싸게 해주세요.

주요 학습 내용

- '~는 ~할 것이다'를 표현하는 문형
- '~에게 ~를 거슬러주다'를 표현하는 문형
- 가격 흥정하기

단어

~하려고 하다	yào	要
농구	lánqiú	篮球
(농구를) 하다	dǎ	打
축구	zúqiú	足球
(축구를)하다, 차다	tī	踢
거슬러주다	zhǎo	找
시험삼아 해보다	shì	试
기다리다	děng	等
생각하다	xiǎng	想
쉬다	xiūxi	休息
복습하다	fùxí	复习
[추측을 나타내는 조사]	ba	吧
이번 주 일요일	zhè xīngqītiān	这星期天
다음 주 월요일	xià xīngqīyī	下星期一
책가방	shūbāo	书包
판매원	shòuhuòyuán	售货员
안경	yǎnjìng	眼镜
[천 단위]	qiān	千
~정도, 좌우	zuǒyòu	左右
성능	xìngnéng	性能
모양	yàngzi	样子

보기 좋다, 예쁘다	hǎokàn	好看
샤오미	Xiǎomǐ	小米
삼성	Sānxīng	三星
[길,치마,바지 등에 쓰이는 양사]	tiáo	条
치마	qúnzi	裙子
탈의실	gēngyīshì	更衣室
괜찮다, 좋다	búcuò	不错
[백 단위]	bǎi	百
세상에, 맙소사	tiān na	天哪
조금, 약간	yìdiǎnr	一点儿
주다	gěi	给
좋다, 된다	xíng	行

문형 연습

기본문형1 'A는 (B를) C할 것이다'를 표현하는 문형:

A주어 + 要yào + C동사술어 (+ B목적어)

문형 노트

'나는 휴대폰을 살 겁니다'처럼 누군가가 어떤 동작이나 행위를 하려고 하는 의지를 표현하고자 할 때, 즉, '~는 (~을) 할 것이다' 혹은 '~가 (~을) 하려고 하다' 등의 라는 의미를 나타내고자 할 때, 동사 앞에 조동사 '要'를 쓰면 된다. '너 휴대폰 살 거야?'처럼 동작에 대한 의지를 물을 때는 문장 끝에 '吗' 쓰면 되고, '나는 휴대폰을 사지 않을 거예요'처럼 의지에 대한 부정을 나타내고자 할 때는 일반적으로 '不要 búyào'가 아니라 '不想 bùxiǎng'을 주로 쓴다.

1) 나는 휴대폰을 사려고 합니다.
   Wǒ yào mǎi shǒujī. 我要买手机。

2) 내 남자친구가 휴대폰을 사려고 해. ______________________________

3) 내 남자친구가 중국에 가려고 합니다. ______________________________

4) 우리 아빠가 중국에 가려고 합니다. ______________________________

5) 우리 아빠가 중국어를 배우시려고 합니다. ______________________________

6) 우리는 중국어를 배울 겁니다. ________________

7) 우리는 농구를 할 겁니다. ________________

8) 그들은 농구를 하려고 합니다. ________________

9) 그들은 축구를 하려고 합니다. ________________

10) 우리 반 친구들이 축구를 하려고 합니다. ________________

응용문형① 'A는 (B를) C할 겁니까?'를 표현하는 문형:

A주어 + 要yào + C동사술어 (+ B목적어) + 吗ma

1) 당신 휴대폰 사실 겁니까?
Nín yào mǎi shǒujī ma ? 您要买手机吗?

2) 너 중국어 공부 할 거야? ________________

3) 너 농구 할래? ________________

4) 너 축구 할래? ________________

5) 너 영화 볼 거니? ________________

응용문형② 'A는 (B를) C하지 않을 겁니다'를 표현하는 문형:

A주어 + 不想bù xiǎng + C동사술어 (+ B목적어)

1) 나는 휴대폰을 사지 않을 거에요.
Wǒ bù xiǎng mǎi shǒujī. 我不想买手机。

2) 나는 중국어 공부를 하고 싶지 않아요. ________________

3) 나는 농구를 하고 싶지 않아. ________________

4) 나는 축구를 하고 싶지 않아. ________________

5) 나는 영화를 보고 싶지 않습니다. ________________

기본문형2 'A가 B에게 C를 거슬러주다'를 표현하는 문형:

A주어 + 找zhǎo + B사람 + C금액

문형 노트

'나에게 1위엔 거슬러주세요', '손님에게 2위엔 거슬러 드릴게요'처럼, '~에게 얼마를 거슬러주다'라는 말을 표현하고자 할 때 동사 '找'를 사용한다. 이 때 돈을 거슬러 주는 대상인 '~에게'에 해당하는 말을 '找' 바로 뒤에 쓰고 금액을 그 뒤에 쓰면 된다.

1) 제가 당신께 10위안 거슬러 드릴게요.
Wǒ zhǎo nín shí kuài. 我找您十块。

2) 내가 너에게 15위안 거슬러 줄게. ____________________

3) 당신께 20위안 거슬러 드릴게요. ____________________

4) 내가 걔한테 28위안 거슬러 줄게. ____________________

5) 당신께 34위안 거슬러 드릴게요. ____________________

6) 저에게 1위안 거슬러 주세요. ____________________

7) 걔한테 2위안 거슬러 줍니다. ____________________

8) 네가 나에게 3위안 거슬러 줘. ____________________

9) 당신이 그분께 41위안 거슬러 주세요. ____________________

10) 나에게 50위엔 거슬러 주세요. ____________________

기본문형3 'A가 (B를) 한 번 C해보다'를 표현하는 문형:

A주어 + C동사술어 + C동사술어 (+ B목적어)

문형 노트

'네가 한번 말해봐'처럼 어떤 동작을 짧게 진행한다는 의미를 나타내고자 할 때, 즉 '한번 ~해보다' 혹은 '잠시 ~하다'의 의미를 나타내고자 할 때 동사를 중첩하면 된다. 이러한 동사중첩은 주로 어떤 동작에 대한 시도나 부드러운 명령을 나타내고자 할 때 쓰인다. 1음절 동사(A)는 'AA'식 혹은 'A一A'식으로, 2음절 동사(AB)는 'ABAB'식으로 중첩한다. 1음절 동사 중첩 AA식에서 두 번째 음절 A는 경성으로 읽는다.

1) 네가 한 번 말해 봐.
Nǐ shuōshuo. 你说说。

2) 내가 좀 봐 볼게. ______

3) 네가 좀 들어 봐. ______

4) 내가 한 번 맛볼게. ______

5) 네가 한 번 시험해 봐. ______

6) 네가 좀 기다려. ______

7) 네가 한 번 생각해 봐. ______

8) 네가 한 번 소개해 봐. ______

9) 너 좀 쉬어. ______________________________

10) 너 복습 좀 해. ______________________________

기본문형4 'A는 B이지요?'를 표현하는 문형:

A주어 + 是shì + B목적어 + 吧ba ?

문형 노트

'쟤는 중국인이죠?'처럼 어떤 사실에 대한 추측성의 의문을 나타낼 때, 즉 '~는 ~이죠?'의 느낌을 나타낼 때 문장 끝에 '吧'를 사용한다. '쟤는 중국이이 아니죠?'처럼 어떤 사실에 대한 부정의 추측을 나타낼 때는 '不是'와 '吧'를 같이 쓰면 되고, '너 아침밥 먹었지?'처럼 어떤 동작이 이미 발생했을 것이라고 추측할 때도 역시 문장 끝에 '吧'를 사용하면 된다.

1) 쟤는 중국인이죠?
Tā shì Zhōngguó rén ba ? 他是中国人吧?

2) 너 한국인이지? ______________________________

3) 쟤들은 베트남사람이죠? ______________________________

4) 네 생일이 10월 10일이죠? ______________________________

5) 네 생일이 이번 주 일요일이지? ______________________________

6) 네 생일이 다음 주 월요일이지? ____________________

7) 이것은 네 책가방이지? ____________________

8) 이것은 네 것이지? ____________________

9) 저것은 너의 안경이지? ____________________

10) 저것은 네 것이지? ____________________

응용문형① 'A는 B가 아니죠?'를 표현하는 문형:

A주어 + 不是bú shì + B목적어 + 吧ba ?

1) 걔는 중국인이 아니죠?

Tā bú shì Zhōngguó rén ba ? 他不是中国人吧?

2) 걔들은 베트남사람이 아닌 거죠? ____________________

3) 네 생일이 이번 주 일요일이 아니지? ____________________

4) 이것은 네 책가방이 아니지? ____________________

5) 저것은 네 것이 아니지? ____________________

응용문형② 'A는 B를 C했지요?'를 표현하는 문형:

A주어 + C동사술어 + B목적어 + 了le + 吧ba ?

1) 너 아침밥 먹었지?
   Nǐ chī zǎofàn le ba ? 你吃早饭了吧?

2) 걔는 일어났지? ______________________________

3) 걔들은 중국에 갔지요? ______________________________

4) 너 수업 마쳤지? ______________________________

5) 걔는 졸업했지? ______________________________

회화 연습

1. 동주가 휴대폰을 사려고 한다.

售货员 : Nín hǎo, nín yào mǎi shénme ?
您好，您要买什么？

동주 : Wǒ yào mǎi shǒujī, nín gěi wǒ jièshàojièshào.
我要买手机, 您给我介绍介绍。

售货员 : Yào duōshao qián de ?
要多少钱的？

동주 : Yào yìqiān kuài zuǒyòu de.
要一❶千块左右❷的。

售货员 : Nín kànkan zhèi❸ge, xìngnéng hěn hǎo, yàngzi yě fēicháng hǎokàn.
您看看这个，性能很好，样子也非常好看。

동주 : Zhè shì Xiǎomǐ de ba ?
这是小米的吧？

售货员 : Bú shì, zhè shì Sānxīng de.
不是，这是三星的。

동주 : Duōshao qián ?
多少钱？

售货员 : Yìqiān èr.
一千二[4]。

2. 현경이가 옷을 사려고 한다.

현경 : Zhè tiáo qúnzi hěn hǎokàn. Wǒ kěyǐ shìshi ma ?
这[5]条[6]裙子很好看。我可以试试吗？

售货员 : Dāngrán kěyǐ. Gēngyīshì zài nàr.
当然可以。更衣室在那儿。

(옷을 입어보고 나서)
현경 : Wǒ juéde hái búcuò. Duōshao qián ?
我觉得还不错。多少钱？

售货员 : Bābǎi líng bā kuài.
八百零八块[7]。

현경 : Tiān na, tài guì le! piányi yìdiǎnr ba.
天哪，太贵了！便宜一点儿吧。

售货员 : Nà nín gěi qībǎi liù ba.
那您给[8]七百六吧。

현경 : Qībǎi bù xíng ma ?
七百不行吗？

售货员 : Bù xíng.
不行。

현경 : Hǎo ba, gěi nǐ qián.
好吧，给你钱。

售货员 : Zhè shì bābǎi kuài, zhǎo nín sìshí.
这是八百块，找您四十。

회화 노트

❶ 要**一千**块左右的

'百 bǎi', '千 qiān', '万 wàn'은 숫자의 단위이다. 숫자로서의 '100'은 '一百 yì bǎi', '1000'은 '一千 yìqiān', '10000'은 '一万 yíwàn'이라고 말해야 한다.

❷ 要一千块**左右**的

'左右'는 수량을 나타내는 말 뒤에 쓰여 '~가량', '~정도'의 뜻을 나타낸다. 예) 20살 정도 → 三十岁左右 sānshí suì zuǒyòu, 2시쯤 → 两点左右 liǎng diǎn zuǒyòu

❸ Nín kànkan **zhè** ge

지시대명사 '这', '那', '哪'는 뒤에 양사가 올 때, 입말에서 종종 'zhèi', 'nèi', 'něi'로도 발음된다.

❹ 一千二

'760', '1200'처럼 세 자리 이상의 숫자 중에서 끝자리가 0으로 끝나는 숫자는 마지막 단위를 생략해서 말할 수 있다. 예) 760 → 七百六(十) qībǎi liù(shí), 1200 → 一千二(百) yìqiān èr(bǎi)

❺ **这**条裙子很好看

지시대명사 '这'나 '那'가 뒤의 명사를 수식할 때, 지시대명사와 명사 사이에 명사의 양사가 쓰인다. 예) 이 책 → 这本书 zhè běn shū, 저 사람 → 那个人 nà ge rén

❻ 这**条**裙子很好看

양사 '条'는 '路 lù(길)', '河 hé(강)', '裤子 kùzi(바지)', '裙子 qúnzi(치마)', '狗 gǒu(개)', '鱼 yú(물고기)'처럼 가늘고 긴 형태를 지닌 사물에 주로 사용된다.

❼ 八百**零**八块

'108', '1028'처럼 숫자 중간에 '0'이 있으면 'líng 零'이라고 말한다.
예) 108 → 一百零八 yìbǎi líng bā, 1028 → 一千零二十八 yìqiān líng èrshíbā

❽ 那您**给**七百六吧

여기서 '给'는 앞 과에서 배운 '~에게'라는 뜻의 전치사가 아니라, '(~에게 ~을) 주다'라는 뜻의 동사이다.

실전 연습

1. 녹음에서 들려주는 문장의 한어병음을 적으세요.

1) ______________________

2) ______________________

3) ______________________

2. 녹음을 듣고 아래 질문에 대답하세요.

1) 女的要买什么？

2) 裙子多少钱？

3. 주어진 문장을 최대한 자연스러운 말투로 읽으세요.

1) Zhè shì Xiǎomǐ de ba？

2) Wǒ kěyǐ shìshi ma？

3) Tiān na, tài guì le! piányi yìdiǎnr ba.

4. 자신의 상황에 맞게 주어진 질문에 대답하세요.

1) 你的手机多少钱？

2) 你的手机性能怎么样？

3) 你觉得三星的手机好吗？

5. 주어진 중국어 단어의 한어병음과 뜻을 적으세요.

1) 篮球 __________ __________

2) 足球 __________ __________

3) 等 __________ __________

4) 休息 __________ __________

5) 书包 __________ __________

6) 好看 __________ __________

6. 주어진 단어를 어순에 맞게 배열하세요.

1) 男朋友 / 我 / 去 / 中国 / 要 / 。

2) 不 / 我 / 想 / 电影 / 看 / 。

3) 是 / 吧 / 那 / 的 / 你 / 眼镜 / ?

7. 주어진 한어병음을 한자로 바꿔 쓰세요.

1) Wǒ bàba yào xué Hànyǔ.

2) Wǒ zhǎo tā èrshíbā kuài.

3) Tā qǐchuáng le ba?

8. 주어진 우리말을 중국어(한자)로 옮기세요.

1) 당신 휴대폰 사실 겁니까?

2) 당신께 20위안 거슬러 드릴게요.

3) 이것은 네 것이지?

중국 문화 산책

중국의 경극(京剧 jīng jù)

경극은 중국에서 영향력이 가장 크고 널리 유행한 것으로, 노래 대사 행동 무술이 결합된 무대 예술로 200년 가까운 역사를 가지고 있다.

경극의 연기자는 生(shēng), 旦(dàn), 淨(jìng), 丑(chǒu)의 4개의 주요 배역(行當)으로 나뉜다. 生은 남성인물을 연기하는 것, 旦은 여성인물을 연기하는 것, 丑은 유머와 기지가 있거나 음험하면서 교활한 남성인물을 연기하는 것으로 경극의 분장은 매우 독특하다.

生旦의 분장에는 눈썹을 그리는 것, 눈썹을 내려 그리거나 올려 그리는 것, 눈테두리를 그리는 것 등이 있다. 淨, 丑의 분장은 경극의 臉譜에 따라 윤곽을 그리는데 충성스럽고 용감한 사람은 붉은색으로, 간사한 사람은 흰색으로 분장을 한다.

경극의 작품 수는 대단히 많은데 일설에 따르면 3,800여 개나 된다고 한다.

오늘날 상연되는 주요 경극에는 전통극과 새로 만든 역사극 현대극의 3종류가 있다.

경극은 중국 희곡의 정수로 국내외에 커다란 영향을 끼쳤다. 수많은 외국인들이 경극을 배우기 위해 중국으로 몰려오고, 많은 경극 연출가와 배우들 역시 세계 각국으로 방문 공연을 다니며 열렬한 환영을 받고 있다.

제5과

영어 할 줄 아나요?

주요 학습 내용

- '~는 ~을 ~할 줄 안다'를 표현하는 문형
- '~하기는 ~한데 그러나 ~하다'를 표현하는 문형
- 취미 묻고 답하기

단어

~할 줄 알다	huì	会
탁구	pīngpāngqiú	乒乓球
자전거	zìxíngchē	自行车
(자전거를)타다	qí	骑
차를 운전하다	kāi chē	开车
대화하다	duìhuà	对话
번역하다	fānyì	翻译
헤엄치다	yóu	游
미터	mǐ	米
그러나, 하지만	kěshì	可是
어렵다	nán	难
재미있다	yǒu yìsi	有意思
맵다	là	辣
한국요리, 한국음식	Hánguó cài	韩国菜
사천요리, 사천음식	Sìchuān cài	四川菜
대단하다, 뛰어나다	xíng	行
취미	àihào	爱好
~을 아주 즐기다	ài	爱
음악	yīnyuè	音乐
유행하다	liúxíng	流行
노래	gēqǔ	歌曲

어떤	yǒude	有的
듣기 좋다	hǎotīng	好听
[노래, 시 등에 쓰이는 양사]	shǒu	首
방탄소년단	Fǎngdàn shàoniántuán	防弹少年团
단지	zhǐ	只

문형 연습

기본문형1 'A는 (B를) C할 줄 안다'를 표현하는 문형:

A주어 + 会huì + C동사술어 (+ B목적어)

문형 노트

'나는 중국어를 말할 줄 압니다'처럼 주로 학습을 통해서 어떤 기능을 할 줄 알게 되었음을 표현하고자 할 때, 즉 '~는 ~을 할 줄 안다', '~을 할 수 있다' 등의 의미를 나타낼 때, 동사 앞에 '会'를 사용한다. '너 중국어를 할 줄 알아 몰라?'처럼 질문할 때는 동사 앞에 '会不会 huì bu huì'를 쓰면 되고, '나는 중국어를 할 줄 모릅니다'처럼 어떤 기능을 갖추지 못하고 있음을 나타낼 때는 동사 앞에 '不会 bú huì'를 쓰면 된다.

1) 나는 중국어를 할 줄 압니다.
Wǒ huì shuō Hànyǔ. 我会说汉语。

2) 내 남동생은 중국어를 할 수 있어요. ______________________

3) 내 남동생은 영어를 할 줄 알아. ______________________

4) 내 여동생은 영어를 할 수 있어. ______________________

5) 내 여동생은 탁구를 할 줄 압니다. ______________________

6) 내 룸메이트는 탁구를 할 줄 알아. ______________________

7) 내 룸메이트는 자전거를 탈 줄 알아요. ____________________

8) 우리는 자전거를 탈 줄 알아요. ____________________

9) 우리는 차를 운전할 수 있어요. ____________________

10) 그들은 차를 운전할 줄 압니다. ____________________

응용문형① 'A는 (B를) C할 줄 압니까 모릅니까?'를 표현하는 문형:

A주어 + 会不会huì bu huì + C동사술어 (+ B목적어)

1) 당신 중국어 할 줄 아십니까 모르십니까?
Nín huì bu huì shuō Hànyǔ ? 您会不会说汉语?

2) 걔는 영어 할 줄 아나요 모르나요? ____________________

3) 걔는 탁구 할 줄 알아 몰라? ____________________

4) 너희는 자전거 탈 줄 알아 몰라? ____________________

5) 너 차 운전할 수 있어 없어? ____________________

응용문형② 'A는 (B를) C할 줄 모른다'를 표현하는 문형:

A주어 + 不会bú huì + C동사술어 (+ B목적어)

1) 나는 중국어를 할 줄 모릅니다.
   Wǒ bú huì shuō Hànyǔ. 我不会说汉语。

2) 그는 영어 할 줄 모릅니다. ____________________

3) 나는 탁구 할 줄 모릅니다. ____________________

4) 우리는 자전거 탈 줄 몰라요. ____________________

5) 나는 운전 할 줄 몰라요. ____________________

기본문형2 'A는 (B를) C할 수 있다'를 표현하는 문형:

A주어 + 能néng + C동사술어 (+ B목적어)

문형 노트

'나는 중국인과 대화할 수 있습니다', '나는 내일 자전거 탈 수 있습니다'처럼 어떤 기능에 대한 구체적인 능력을 나타내거나, 어떤 행위를 할 수 있는 조건이 허락된다는 것을 나타낼 때, 즉 '~는 ~을 할 수 있다'라는 의미를 표현할 때, 동사 앞에 '能'을 사용하면 된다. 능력이나 조건에 대한 질문을 건넬 때는 동사 앞에 '能不能 néng bu néng'이나 문장 끝에 '吗'를 사용하면 된다. '不能 bù néng'은 주로 어떤 조건이 허락되지 않음을 나타낸다.

1) 나는 중국인과 대화할 수 있어요.

Wǒ néng gēn Zhōngguó rén duìhuà. 我能跟中国人对话。

2) 우리 형은 중국인과 대화할 수 있어요. ______________________

3) 우리 형은 이 책을 번역할 수 있습니다. ______________________

4) 우리 누나는 이 책을 번역할 수 있습니다. ______________________

5) 우리 누나는 500미터를 헤엄칠 수 있어요. ______________________

6) 쟤들은 500미터를 헤엄칠 수 있어요. ______________________

7) 쟤들은 오전에 자전거를 탈 수 있어요. ______________________

8) 우리는 오후에 자전거를 탈 수 있어요. ______________________

9) 우리는 토요일에 컴퓨터 게임을 할 수 있어요. ______________________

10) 그들은 일요일에 컴퓨터 게임을 할 수 있어요. ______________________

응용문형① 'A는 (B를) C할 수 있습니까?'를 표현하는 문형:

A주어 + 能néng + C동사술어 (+ B목적어) + 吗ma

1) 너 중국인과 대화할 수 있어?

Nǐ néng gēn Zhōngguó rén duìhuà ma？你能跟中国人对话吗？

2) 너 이 책을 번역할 수 있니? ______________________

3) 너 300미터 헤엄칠 수 있어? ______________________

4) 너희 내일 오전에 자전거 탈 수 있어? ______________________

5) 너 토요일에 컴퓨터 게임 할 수 있어? ______________________

기본문형3 'A는 B하긴 B하지만 C하다'를 표현하는 문형:

A주어 + B + 是shì + B ，可是kěshì + C

문형 노트

'중국어는 어렵긴 어렵지만 아주 재미있어요'처럼, 먼저 어떤 상태나 사실을 인정한 후에, 바로 뉘앙스를 달리하여 정작 말하고 싶은 핵심적인 의미를 나타낼 때, 즉 '~하긴 ~한데, 하지만 ~하다'라는 의미를 나타낼 때, '是 shì' 앞과 뒤로 동일한 말을 말한 후, 뒤에 바로 역접의 의미를 나타내는 접속사와 하고 싶은 말을 이어서 하면 된다.

1) 중국어는 어렵긴 어렵지만 아주 재미있어요.
Hànyǔ nán shì nán, kěshì hěn yǒu yìsi. 汉语难是难，可是很有意思。

2) 영어는 어렵긴 어렵지만 아주 재미있어요. ______________________

3) 영어는 재미있긴 재미있지만 좀 어려워요. ______________________

4) 이것은 재미있긴 재미있지만 좀 어려워요. ______________________

5) 이것은 맛있긴 맛있는데 좀 매워요. ________________

6) 한국음식은 맛있긴 맛있는데, 좀 매워요. ________________

7) 한국음식은 맵긴 맵지만 아주 맛있어요. ________________

8) 사천음식은 맵긴 맵지만 아주 맛있어요. ________________

9) 사천음식은 비싸긴 비싼데 아주 맛있어요. ________________

10) 이 치마는 비싸긴 비싼데 아주 예뻐요. ________________

회화 연습

1. 동주가 반 친구 저스틴과 이야기 나눈 후에 돌아서 가다가 李娜를 만난다.

李娜 : Tā shì nǎ guó rén ?
他是哪国人？

동주 : Tā shì Měiguó rén.
他是美国人。

李娜 : Nǐ huì shuō Yīngyǔ ma ?
你会说英语吗？

동주 : Wǒ bú huì, Yīngyǔ hěn nán.
我不会，英语很难。

李娜 : Nán shì nán, kěshì hěn yǒu yìsi, wǒ xǐhuan xué Yīngyǔ.
难是难，可是很有意思，我喜欢学英语。

동주 : Nǐ néng gēn Měiguórén duìhuà ma ?
你能跟[1]美国人对话吗？

李娜 : Wǒ néng gēn Měiguórén duìhuà.
我能跟美国人对话。

동주 : Nǐ zhēn xíng.
你真行[2]。

2. 동주가 李娜에게 취미를 묻는다.

동주 : Nǐ yǒu shénme àihào[3] ?
你有什么爱好?

李娜 : Wǒ ài tīng yīnyuè.
我爱[4]听音乐。

동주 : Ài tīng shénme yīnyuè ?
爱听什么音乐?

李娜 : Ài tīng liúxíng gēqǔ.
爱听流行歌曲。

동주 : Hánguó de liúxíng gēqǔ yě xǐhuan tīng ma ?
韩国的流行歌曲也喜欢听吗?

李娜 : Xǐhuan, yǒu de gēr hěn hǎotīng.
喜欢,有的[5]歌儿很好听。

동주 : Nǐ zuì xǐhuan nǎ shǒu gēr ?
你最喜欢哪首[6]歌儿?

李娜 : Fǎngdànshàoniántuán chàng de《DNA》.
防弹少年团唱的《DNA》。

동주 :　　Nǐ huì bu huì chàng ?
你 会 不 会 唱?

李娜 :　　Wǒ zhǐ xǐhuan tīng, bú huì chàng.
我 只 喜 欢 听 , 不 会 唱。

회화 노트

❶ 你能**跟**美国人对话吗?

'跟'은 '~와'라는 의미를 나타내는데, '跟+대상'이 동사 앞에 쓰인다.

❷ 真**行**

'行'은 '真' 뒤에 쓰이면 '대단하다', '뛰어나다'라는 의미를 나타낸다.

❸ Nǐ yǒu shénme **àihào**?

'好'가 '좋다'라는 의미일 때는 3성이지만, 취미를 의미하는 '爱好'를 말할 때는 4성으로 읽는다.

❹ 我**爱**听音乐

'爱'는 동사로써 '(~을) 사랑한다'라는 의미를 지니지만, 그 외에 다른 동사 앞에 쓰일 때는 '~하기를 무척 즐기다, 좋아한다'라는 의미를 나타낼 수 있다.

❺ **有的**歌儿很好听

'有'가 '的'와 같이 쓰이면 '어떤'이라는 의미를 나타낸다.

❻ 你最喜欢哪**首**歌儿?

'首'는 '歌儿 gēr(노래)', '诗 shī(시)' 등에 주로 쓰이는 양사이다. 예) 노래 한 곡 — 一首歌儿 yì shǒu gēr, 시 두 수 — 两首诗 liǎng shǒu shī

실전 연습

1. 녹음에서 들려주는 문장의 한어병음을 적으세요.

1) ______________________________

2) ______________________________

3) ______________________________

2. 녹음을 듣고 아래 질문에 대답하세요.

1) 女的会说英语吗？

2) 女的喜欢做什么？

3. 주어진 문장을 최대한 자연스러운 말투로 읽으세요.

1) Nán shì nán, kěshì hěn yǒu yìsi.

2) Nǐ zhēn xíng.

3) Wǒ zhǐ xǐhuan tīng, bú huì chàng.

4. 자신의 상황에 맞게 주어진 질문에 대답하세요.

1) 你会说汉语吗？

2) 你能跟中国人对话吗？

3) 你会唱中国歌吗？

5. 주어진 중국어 단어의 한어병음과 뜻을 적으세요.

1) 乒乓球 __________ __________

2) 开车 __________ __________

3) 翻译 __________ __________

4) 可是 __________ __________

5) 爱好 __________ __________

6) 好听 __________ __________

6. 주어진 단어를 어순에 맞게 배열하세요.

1) 自行车 / 室友 / 骑 / 我 / 会 / 。

2) 游戏 / 星期六 / 电脑 / 我们 / 能 / 玩儿 / 。

3) 明天 / 上午 / 自行车 / 你们 / 能 / 骑 / 吗 / ?

7. 주어진 한어병음을 한자로 바꿔 쓰세요.

1) Wǒ gēge néng gēn Zhōngguórén duìhuà.

2) Yīngyǔ nán shì nán, kěshì hěn yǒu yìsi.

3) Sìchuān cài guì shì guì, kěshì hěn hǎochī.

8. 주어진 우리말을 중국어(한자)로 옮기세요.

1) 너희는 자전거 탈 줄 알아 몰라?

2) 우리 누나는 500미터를 헤엄칠 수 있어요.

3) 이 치마는 비싸긴 비싼데 아주 예뻐요.

중국 문화 산책

중국의 차(茶)

차는 중국인들의 생활에 있어서 빠져서는 안 되는 필수품 중의 하나이다. 중국인은 차 마시기를 좋아하고 친구나 손님에게 차를 대접하는데, 이처럼 일상생활에서 차를 즐기는 행위는 하나의 문화로 자리잡고 있다.

중국은 차의 고향이라고 할 수 있다. 고대 중국인들은 차나무를 발견한 후 처음에는 찻잎을 약용으로 사용하다가 점차 약용에서 음료용으로 사용했다. 2,000여 년 전부터 차를 마시는 습관을 가져온 중국인들은 차나무를 기르고 찻잎을 제조하는 다양한 기법을 발전시켰으며, 차를 심는 방법과 차나무 종자를 세계 각국에 전파했다.

찻잎은 제조하는 방법에 따라 녹차, 홍차, 오룡차, 화차, 타차, 전차 등 크게 몇 가지로 나누어 볼 수 있다. 각각의 차 종류에는 수많은 품종이 포함된다.

녹차(绿茶 lǜchá)는 연록색의 산뜻하고 아름다운 색깔을 지닌 차로 발효를 시키지 않은 차이다. 발효차의 대표는 홍차(红茶 hóngchá)로 걸러낸 찻물의 색깔은 선홍색을 띤다. 반 발효차의 대표는 오룡차(乌龙茶 wūlóngchá)이다. 화차(花茶 huāchá)는 중국에만 있는 차 종류로 찻잎에 향기로운 꽃을 넣어 증기로 쪄내 만든 것으로, 복건(福建 Fújiàn)에서 생산되는 재스민(茉莉花 mòlihuā) 차가 대표적이다.

차를 마시면 갈증해소 뿐만 아니라 피로도 회복되고 소화에도 도움을 주며 질병 예방의 효능이 있으므로 장기간 차를 마시면 건강에 유익하다고 한다.

최근에는 중국시장을 겨냥한 스타벅스(星巴克 Xīngbākè)에서도 차를 팔기 시작했다.

제6과

한국음식 좋아해 아니면 중국음식 좋아해?

주요 학습 내용

- '~합니까 아니면 ~합니까?'를 표현하는 문형
- '곧~하게 되다'를 표현하는 문형
- 둘 중 하나의 선택을 묻고 답하기

단어

아니면, 또는	háishi	还是
버스	gōngjiāochē	公交车
타다, 앉다	zuò	坐
택시	chūzūchē	出租车
중국음식, 중국요리	Zhōngguócài	中国菜
연필	qiānbǐ	铅笔
볼펜	yuánzhūbǐ	圆珠笔
배부르다	bǎo	饱
요즘	zuìjìn	最近
야위다, 살빠지다	shòu	瘦
졸리다	kùn	困
따뜻하다	nuǎnhuo	暖和
덥다	rè	热
시원하다	liángkuai	凉快
춥다	lěng	冷
봄	chūntiān	春天
여름	xiàtiān	夏天
곧, 바로	jiù	就
결혼하다	jiéhūn	结婚
가을	qiūtiān	秋天
겨울	dōngtiān	冬天

비록	suīrán	虽然
그러나, 하지만	dànshì	但是
유창하다	liúlì	流利
교실	jiàoshì	教室
안	lǐbian	里边
에어컨	kōngtiáo	空调
바깥	wàibian	外边
더욱	gèng	更
하하[웃음소리]	hāhā	哈哈
상반되다	xiāngfǎn	相反
제일	zuì	最
불고기	shāokǎo	烧烤
다음 번	xià cì	下次

문형 연습

기본문형1 'A합니까 아니면 B합니까'를 표현하는 문형:

A문장 + 还是háishi + B문장

문형 노트

'내가 갈까 아니면 네가 갈래?'처럼 둘 중에서 하나를 선택하는 질문을 할 때, 즉 '~합니까 아니면 ~합니까?'라는 의미를 표현할 때, 두 선택 항목 사이에 '还是'를 사용하면 된다. '还是' 자체로 의문이 만들어지기 때문에, 의문을 나타내는 조사 '吗'를 덧붙이지 않는다. '걔는 한국인이야 아니면 중국인이야?'처럼 A와 B가 동사술어 '是'를 지니는 문장일 경우에는 B 문장의 '是'는 쓰지 않는다.

1) 내가 갈까 아니면 네가 갈래?
Wǒ qù háishi nǐ qù? 我去还是你去?

2) 네가 가니 아니면 그가 가니? ______

3) 걔는 오후에 가나요 아니면 저녁에 가나요? ______

4) 재는 오늘 저녁에 갑니까 아니면 내일 저녁에 갑니까? ______

5) 우리 자전거 탈까 아니면 버스 탈까? ______

6) 우리 버스 타 아니면 택시 타? ______

7) 너 도서관에 가니 아니면 식당에 가니? ______________________________

8) 너 식당에 가니 아니면 기숙사로 돌아가니? ______________________________

9) 우리 맥주 마실까 아니면 커피 마실까? ______________________________

10) 우리 한국음식 먹을까 아니면 중국음식 먹을까? ______________________________

응용문형① 'A입니까 아니면 B입니까'를 표현하는 문형:

是shì + A명사 + 还是háishi + B명사

1) 그는 한국인입니까 아니면 중국인입니까?
Tā shì Hánguó rén háishi Zhōngguó rén? 他是韩国人还是中国人?

2) 오늘은 토요일이니 아니면 일요일이니? ______________________________

3) 네 생일이 11일이니 아니면 12일이니? ______________________________

4) 이것은 네 것이니 아니면 그의 것이니? ______________________________

5) 이것은 연필이야 아니면 볼펜이야? ______________________________

기본문형2 'A가 B(해)지다'를 표현하는 문형:

A주어 + B형용사술어 + 了 le

문형 노트

'나 배고파졌어', '날씨가 따뜻해졌어'처럼 어떤 상태의 변화가 생겼거나 새로운 상황이 발생했음을 표현할 때, 즉 '~(해)지다', '~(해)졌다', '~되다', '~되었다' 등의 의미를 표현할 때, 형용사 술어 뒤에 조사 '了'를 사용한다. 수량사 술어나 명사 술어 뒤에 쓰이는 '了'도 종종 어떤 상황의 변화를 나타낸다.

1) 나 배고파졌어.
Wǒ è le. 我饿了。

2) 나 배불러졌어. ______

3) 너 요즘 예뻐졌다. ______

4) 너 요즘 살 빠졌어. ______

5) 나 요즘 살 쪘어. ______

6) 나 졸려. ______

7) 날씨가 따뜻해졌어요. ______

8) 날씨가 더워졌어요. ______

9) 날씨가 시원해졌어요. ______

10) 날씨가 추워졌어요. ______________________________

응용문형① '(A는) B되다'를 표현하는 문형:

(A주어) + B명사술어 + 了le

1) 지금 1시가 되었어요.
Xiànzài yī diǎn le. 现在一点了。

2) 2시가 되었어요. ______________________________

3) 봄이 되었습니다. ______________________________

4) 여름이에요. ______________________________

5) 나는 올해 21살이 되었어요. ______________________________

기본문형3 'A는 곧 (B를) C하다'를 표현하는 문형:

A주어 + (快kuài／就jiù)要yào + C동사술어 (+ B목적어) + 了le

문형 노트

'나는 곧 졸업합니다'처럼 어떤 상황이나 동작이 멀지 않은 시간 안에 곧 발생하게 됨을 나타낼 때는 술어 앞에 '要'를 쓰고, 문장 끝에 '了'를 사용하면 된다. 시간의 촉박함을 나타내기 위해 '要'앞에 '快'나 '就'를 붙여 쓰기도 한다. 입말에서는 '要'를 생략한 '快~了'문형이 자주 쓰인다.

1) 나는 곧 졸업합니다.
Wǒ yào bìyè le. 我要毕业了。

2) 그들은 곧 졸업해요. ______________________

3) 그들은 곧 수업해요. ______________________

4) 우리는 곧 수업합니다. ______________________

5) 우리는 곧 수업 마쳐요. ______________________

6) 내 여자친구는 곧 수업 마쳐요. ______________________

7) 우리 누나는 곧 결혼해요. ______________________

8) 내 중국친구가 곧 결혼해. ______________________

9) 내 중국 친구가 곧 한국에 와요. ______________________

10) 내 미국 친구가 곧 한국에 와. ______________________

응용문형① 'A는 곧 (B를) C하다'를 표현하는 문형:

A주어 + 快kuài + C동사술어 (+ B목적어) + 了le

1) 나는 곧 졸업합니다.
Wǒ kuài bìyè le. 我快毕业了。

2) 곧 수업해요. ______

3) 곧 수업 마쳐요. ______

4) 곧 가을이네요. ______

5) 곧 겨울입니다. ______

기본문형4 '비록 A이지만, 그러나 B하다'를 표현하는 문형:

虽然suīrán + A문장 , 但是dànshì + B문장

문형 노트

'(비록) 중국어 공부하는 것을 좋아하지만, 중국어를 할 줄은 모릅니다'처럼 앞 뒤 문장의 전환 관계를 나타낼 때, 즉 '(비록) ~이지만 (그러나) ~하다'라는 의미를 표현할 때, 앞 문장의 주어 앞이나 뒤에 '虽然'을, 뒤 문장의 주어 앞에 '但是'를 사용한다.

1) 나는 중국어 공부하는 것을 좋아하지만, 난 중국어를 할 줄은 모릅니다.

Suīrán wǒ xǐhuan xué Hànyǔ, dànshì wǒ bú huì shuō Hànyǔ.

虽然我喜欢学汉语，但是我不会说汉语。

2) 나는 영어 공부하는 것을 좋아하지만, 영어를 할 줄 몰라요.

3) 나는 중국어를 할 줄 알지만, 그다지 유창하진 않아요.

4) 나는 영어를 할 줄 알지만, 그다지 유창하지 않습니다.

5) 교실 안에 에어컨이 있지만, 시원하지 않아요.

6) 교실 안에 에어컨이 없지만, 아주 시원합니다.

7) 아주 많은 사람들이 개를 좋아하지만, 나는 개를 그다지 좋아하지 않아.

8) 아주 많은 사람들이 개를 안 좋아하지만, 나는 개를 무척 좋아해요.

9) 이 요리는 비록 맛있기는 하지만, 너무 비싸요.

10) 이 요리는 좀 비싸긴 하지만, 아주 맛있습니다.

회화 연습

1. 동주와 李娜가 점심으로 뭘 먹을지 이야기 나눈다.

동주 : Lǐ nà , xiànzài jǐ diǎn le ?
李 娜 , 现 在 几 点 了 ?

李娜 : Yī diǎn bàn le.
一 点 半 了。

동주 : Wǒ è le, nǐ bú è ma ?
我 饿 了, 你 不 饿 吗 ?

李娜 : Wǒ yě yǒudiǎnr è.
我 也 有 点儿 饿。

동주 : Zánmen chī wǔfàn ba.
咱 们 吃 午 饭 吧。

李娜 : Zài nǎr chī ne ?
在 哪儿 吃 呢 ?

Zài xuéxiào shítáng chī háishi zài wàibian de fàndiàn chī ?
在 学 校 食 堂 吃 还 是 在 外 边 的 饭 店 吃 ?

동주 : Kuài shàngkè le, méi shíjiān le, háishi zài shítáng chī ba.
快上课了，没❶时间了，还是❷在食堂吃吧。

李娜 : Hǎo, kuài zǒu ba.
好，快走吧。

2. 동주와 李娜가 좋아하는 음식에 대해 이야기 나눈다.

李娜 : Nǐ xǐhuan chī Hánguó cài háishi Zhōngguó cài ?
你喜欢吃韩国菜还是中国菜❸?

동주 : Suīrán wǒ shì Hánguó rén,
虽然我是韩国人，

kěshì wǒ gèng xǐhuan chī Zhōngguó cài.
但是❹我更喜欢吃中国菜。

李娜 : Hā hā, gēn wǒ xiāngfǎn, wǒ gèng xǐhuan chī Hánguó cài.
哈哈，跟我相反，我更喜欢吃韩国菜。

동주 : Nǐ zuì xǐhuan nǎ ge Hánguó cài ?
你最喜欢哪个❺韩国菜？

李娜 : Wǒ zuì xǐhuan Hánguó shāokǎo.
我最喜欢韩国烧烤。

동주 : Nà xià cì zánmen chī shāokǎo ba, wǒ qǐng kè !
那下次咱们吃烧烤吧，我请客！

李娜 : Zhēn de? tài hǎo le !

真 的[6]？太 好 了！

회화 노트

❶ 没时间了

'(~을) 가지고 있다', '(~가) 있다'라는 뜻의 '有'는 그 앞에 '没'를 붙이면 '(~을) 가지고 있지 않다', '(~가) 없다'라는 뜻을 표현하게 된다. 만약 '没有' 뒤에 목적어가 오면 '有'를 생략하고 '没'만 사용할 수도 있다.

❷ 还是在食堂吃吧

'还是'는 선택 의문을 나타내는 용법 외에도, 앞에 놓인 두 선택 항목 간의 비교를 통해서 좀 더 만족스러운 쪽으로 선택했음을 나타내기도 한다. 이 때 문장 끝에 '吧', '好'가 종종 같이 쓰인다.

❸ 你喜欢吃韩国菜还是中国菜？

'还是'가 쓰인 선택 의문문이, 동일한 동사 술어를 지니는 두 목적어 성분 중에서 하나를 선택하는 질문이라면, 두 번째 동사 술어는 생략할 수 있다. 이 문장은 '中国菜' 앞에 동사 '吃'가 생략된 것이다.

❹ 但是我更喜欢吃中国菜

우리말 '그러나', '하지만'처럼 전환 관계를 나타내는 말은 '但是' 외에도, '可是 kěshì', '不过 búguò' 등이 있다.

❺ 你最喜欢哪个韩国菜？

양사 '个'는 요리나 음식을 세거나 가리킬 때 쓰이기도 한다. 예) 요리 하나 → 一个菜 yí ge cài, 이 음식 → 这个菜 zhè ge cài

❻ 真的?

'정말입니까?', '진짜야?' 등을 표현할 때, '是真的吗?' 라고 하는데, 입말에서는 종종 이 말을 줄여서 '真的?'라고 하기도 한다.

실전 연습

1. 녹음에서 들려주는 문장의 한어병음을 적으세요.

1) ________________________________

2) ________________________________

3) ________________________________

2. 녹음을 듣고 아래 질문에 대답하세요.

1) 现在几点？

2) 女的去哪儿？

3. 주어진 문장을 최대한 자연스러운 말투로 읽으세요.

1) Wǒ è le, nǐ bú è ma？

2) Kuài shàngkè le, méi shíjiān le, háishi zài shítáng chī ba.

3) Zhēn de? tài hǎo le！

4. 자신의 상황에 맞게 주어진 질문에 대답하세요.

1) 现在几点？

2) 你今天在哪儿吃晚饭？

3) 你最喜欢哪个中国菜？

5. 주어진 중국어 단어의 한어병음과 뜻을 적으세요.

1) 公交车 __________ __________

2) 出租车 __________ __________

3) 铅笔 __________ __________

4) 瘦 __________ __________

5) 凉快 __________ __________

6) 冬天 __________ __________

6. 주어진 단어를 어순에 맞게 배열하세요.

1) 暖和 / 了 / 天气 / 。

2) 了 / 的 / 我 / 要 / 结婚 / 中国朋友。

3) 教室 / 虽然 / 有 / 里边 / 不太 / 空调 / , / 凉快 / 但是 / 。

7. 주어진 한어병음을 한자로 바꿔 쓰세요.

1) Tā xiàwǔ qù háishi wǎnshang qù?

2) Wǒ zuìjìn pàng le.

3) Suīrán zhè ge cài hěn hǎochī, dànshì tài guì le.

8. 주어진 우리말을 중국어(한자)로 옮기세요.

1) 우리 맥주 마실까 아니면 커피 마실까?

2) 지금 1시가 되었어요.

3) 아주 많은 사람들이 개를 좋아하지만, 나는 개를 그다지 좋아하지 않아.

중국 문화 산책

중국의 음식

색, 향, 맛을 중시하는 중국의 음식문화는 이미 전 세계적으로 유명하다.

중국음식은 각 지역의 차이와 풍습의 차이로 인해 조리법이나 먹는 방식도 서로 많은 다른 특징을 지니고 있다. 또한 넓은 영토와 기후 및 지리적 자연 환경의 차이 등으로 인해 다양한 식재료를 사용하고 있다. 그러므로 하늘에서는 비행기, 바다에서는 잠수함, 육지에서는 네다리 달린 책상을 제외하고는 모든 것을 이용하여 음식을 만든다고 얘기할 정도로 중국인들이 사용하는 식재료는 다양하다. 제비집, 상어지느러미, 곰발바닥, 원숭이골 요리 등이 그것이다.

중국음식의 맛의 특징을 말할 때 '东辣(dōng là) 西酸(xī suān) 南甛(nán tiān) 北咸(běi xián)'라고 하는데, 이는 동쪽은 맵고 서쪽은 시고 남쪽은 달고 북쪽은 짜다는 지역적 특징을 압축한 표현이라 할 수 있다.

기본적으로 지역에 따라 대표되는 음식이 북경, 사천, 광동, 상해 음식의 네 가지로 나뉜다.

북경음식은 정치 경제 문화의 중심지인 북경은 전국 각지의 맛의 특징들을 모아서 이루어진 음식들이 대부분이다. 구운 오리고기인 베이징 카오야(北京烤鴨 Běijīng Kǎoyā)는 현재 북경을 대표하는 요리로 자리 잡았다.

제7과

너 훠궈 먹어 봤니?

주요 학습 내용

- '~는 ~한 적이 있다'를 표현하는 문형
- '~하러 ~에 가다'를 표현하는 문형
- 음식 주문하기

단어

~적이 있다	guo	过
훠궈[중국 음식]	huǒguō	火锅
칭다오 맥주	Qīngdǎo píjiǔ	青岛啤酒
배갈, 고량주	báijiǔ	白酒
홍콩	Xiānggǎng	香港
쓰촨	Sìchuān	四川
비행기	fēijī	飞机
배	chuán	船
쓰촨 요리	Chuāncài	川菜
옷	yīfu	衣服
마중하다	jiē	接
아내	qīzi	妻子
식당	fànguǎn	饭馆
공항	jīchǎng	机场
청하다, 요청하다	qǐng	请
시키다, ~하게하다	ràng	让
차	chá	茶
돕다	bāngzhù	帮助
하다, 주다	lái	来
병[양사]	píng	瓶
잔[양사]	bēi	杯

인분[양사]	fèn	份
소고기	niúròu	牛肉
하지만	dàn	但
진짜의, 본고장의	dìdao	地道
쓰촨 요리 식당	Chuāncàiguǎn	川菜馆
아주, 지극히	jí le	极了
환영하다	huānyíng	欢迎
왕림하다, 방문하다	guānglín	光临
이쪽	zhèbian	这边
메뉴판	càidān	菜单
(음식을) 주문하다	diǎn	点
원앙탕	yuānyāng guōdǐ	鸳鸯锅底
채소	shūcài	蔬菜
모둠	pīnpán	拼盘
음료	yǐnliào	饮料

문형 연습

기본문형1 'A는 (B를) C한 적이 있다'를 표현하는 문형:

A주어 + C동사술어 + 过guo (+ B목적어)

문형 노트

'나는 훠궈를 먹은 적이 있어요'처럼 어떤 동작이 과거에 발생한 적이 있음을 나타낼 때, 즉 '~는 (~을) ~한 적이 있다'라는 의미를 표현할 때 동사 뒤에 조사 '过'를 쓰면 된다. '나는 휘궈를 먹어 본 적이 없어'처럼 과거 경험에 대한 부정을 나타날 때는 '동사+过' 앞에 '没(有) méiyǒu'를 붙이면 되고, '너 훠궈를 먹은 적이 있어 없어?'처럼 물을 때는 문장 끝에 '没有'를 사용한다.

1) 나는 훠궈를 먹은 적이 있습니다.
   Wǒ chī guo huǒguō. 我吃过火锅。

2) 우리는 양꼬치를 먹어 봤습니다. ______________________

3) 우리는 칭다오맥주를 마셔 본 적이 있어. ______________________

4) 걔들은 중국 배갈을 마셔 봤어. ______________________

5) 재들은 홍콩에 가 본 적이 있어요. ______________________

6) 내 남자친구는 쓰촨에 가 봤어. ______________________

7) 내 남자친구는 중국 비행기를 타 본적이 있어. ______________________

8) 내 여자친구는 배를 타 본 적이 있어. ______________________

9) 내 여자친구는 중국어를 배운 적이 있어요. ______________________

10) 나는 수영을 배운 적이 있어. ______________________

응용문형① 'A는 (B를) C한 적이 없다'를 표현하는 문형:

A주어 + 没(有) + C동사술어 + 过guo (+ B목적어)

1) 나는 훠궈를 먹은 적이 없습니다.
Wǒ méi chī guo huǒguō. 我吃过火锅。

2) 걔는 칭다오맥주를 마셔 본 적이 없어. ______________________

3) 우리 형은 홍콩에 가 본 적이 없어요. ______________________

4) 나는 중국 비행기를 타 본적이 없어. ______________________

5) 재는 중국어를 배운 적이 없어요. ______________________

응용문형② 'A는 (B를) C한 적이 있습니까 없습니까'를 표현하는 문형:

A주어 + C동사술어 + 过guo (+ B목적어) + 没有

1) 당신은 훠궈를 먹은 적이 있습니까 없습니까?
Nín chī guo huǒguō méiyǒu? 您吃过火锅没有?

2) 너는 배갈 마셔 본 적 있어 없어? ____________________

3) 당신은 쓰촨에 가 본적이 있나요 없나요? ____________________

4) 너 배 타 본 적 있어 없어? ____________________

5) 너 수영 배운 적이 있어 없어? ____________________

기본문형2 'A는 (B를) C하러 가다'를 표현하는 문형:

A주어 + 去qù + C동사술어 (+ B목적어)

문형 노트

'나는 쓰촨 요리를 먹으러 갑니다'처럼 하나의 주어가 두 개의 동작을 연이어 진행하는 말을 할 때 중국어에서는 일반적으로 시간적으로 먼저 발생하는 동작을 먼저 말한다. '(쓰촨 요리를)먹는' 동작과 '(식당에)가는' 동작 중에서 '가는' 동작이 먼저 발생하기에 '去'를 먼저 말한 후에 '吃'를 말한다. '걔는 도서관에 공부하러 옵니다', '나는 버스타고 학교에 갑니다' 등의 표현도 동작이 일어나는 순서대로 말하면 된다.

1) 나는 쓰촨 요리를 먹으러 갑니다.

Wǒ qù chī Chuāncài. 我去吃川菜。

2) 나는 아르바이트하러 갑니다. ______

3) 나는 커피를 마시러 가. ______

4) 나는 영화 보러 가. ______

5) 나는 중국어 공부하러 가. ______

6) 나는 옷 사러 가. ______

7) 나는 친구 마중하러 갑니다. ______

8) 나는 아내를 만나러 갑니다. ______

9) 나는 농구하러 가. ______

10) 나는 수영하러 가. ______

응용문형① 'A가 (B를) C하러 D에 가다'를 표현하는 문형:

A주어 + 去qù + D장소 + C동사술어 (+ B목적어)

1) 나는 쓰촨 요리를 먹으러 식당에 갑니다.

Wǒ qù fànguǎn chī Chuāncài. 我去饭馆吃川菜。

2) 나는 영화관에 영화 보러 갑니다. ______________________

3) 나는 중국어 공부하러 도서관에 가. ______________________

4) 나는 공항에 친구 마중하러 갑니다. ______________________

5) 나는 그곳에 아내를 만나러 가요. ______________________

응용문형② 'A가 (B를) C하러 D에 오다'를 표현하는 문형:

A주어 + 来lái + D장소 + C동사술어 (+ B목적어)

1) 걔는 밥 먹으러 구내식당에 옵니다.
Tā lái shítáng chī fàn. 他来食堂吃饭。

2) 걔는 학교에 아르바이트하러 옵니다. ______________________

3) 걔는 도서관에 중국어 공부하러 와요. ______________________

4) 내 남자친구가 나를 마중하러 공항에 옵니다. ______________________

5) 내 여자친구가 나를 만나러 여기에 와요. ______________________

응용문형③ 'A가 B를 타고 (C에) D하다'를 표현하는 문형:

A주어 + 坐zuò + B교통수단 + D동사술어 (+ C장소)

1) 나는 버스를 타고 갑니다.
Wǒ zuò gōngjiāochē qù. 我坐公交车去。

2) 나는 버스를 타고 학교에 갑니다. ______________________________

3) 걔는 배를 타고 옵니다. ______________________________

4) 걔는 배를 타고 한국에 옵니다. ______________________________

5) 걔는 비행기를 타고 중국에 갑니다. ______________________________

기본문형3 'A가 B에게 (C를) D하게 청하다'를 표현하는 문형:

A주어 + 请qǐng + B사람 + D동사 (+ C목적어)

문형 노트

'내가 너에게 밥 사줄게'라는 말을 중국 사람들은 '내가 네가 밥 먹도록 청할게'라는 말로 표현하는데, 이처럼 누군가에게 어떤 행동을 하도록 비교적 공손하게 요청할 때 동사 '请 qǐng'을 사용한다. '만약 누군가에게 어떤 행동을 하도록 비교적 강하게 요청할 때는 동사 '让 ràng'이나 '叫 jiào'를 쓰면 된다.

1) 제가 당신께 식사를 대접할게요.

Wǒ qǐng nín chī fàn. 我请您吃饭。

2) 내가 너한테 한국요리 사줄게. ______________________

3) 나는 중국친구에게 중국요리 사줍니다. ______________________

4) 내가 너에게 커피 사줄게. ______________________

5) 너 나한테 커피 사. ______________________

6) 제가 당신께 차를 대접할게요. ______________________

7) 내가 너에게 나에게 문자 보내달라고 부탁할게. ______________________

8) 제가 당신께 저에게 전화해달라고 부탁할게요. ______________________

9) 나는 걔에게 나를 도와달라고 부탁합니다. ______________________

10) 우리는 걔에게 노래불러달라고 요청합니다. ______________________

응용문형① 'A가 B에게 (C를) D하게 시키다'를 표현하는 문형:

A주어 + 让ràng + B사람 + D동사 (+ C목적어)

1) 걔는 나에게 걔한테 문자 보내라고 합니다.

Tā ràng wǒ gěi tā fā duǎnxìn. 他让我给他发短信。

2) 선생님은 저에게 선생님께 전화 달라고 하십니다. ______________________

3) 걔는 나에게 걔를 도와달라고 해요. ______________________

4) 엄마가 나에게 노래하라고 시켜요. ______________________

5) 아빠는 나에게 중국어를 공부하게 하십니다. ______________________

기본문형4 'A를 B C 주세요'

来lái + B숫자 + C양사 + A사물

문형 노트

우리말 입말에서 '커피 한 잔 할래', '노래 한 곡 해요'처럼 구체적 대상에 맞는 구체적 동작을 말하는 대신 그냥 '하다'로 말하는 경우가 있는 것처럼, 중국어의 '来'가 이와 유사한 용법을 지닌다. 주로 상점이나 식당에서 '(~을) 주세요', '원합니다'라는 뜻의 '要 yào'를 대신해서 쓰인다.

1) 칭다오 맥주 한 병 주세요.
Lái yì píng Qīngdǎo píjiǔ. 来一瓶青岛啤酒。

2) 칭다오 맥주 두 병 주세요. ______________________

3) 콜라 한 잔 주세요. ______________________

4) 콜라 두 잔 주세요. ______________________

5) 수박 한 근 주세요. ________________

6) 수박 두 근 주세요. ________________

7) 양고기 1인분 주세요. ________________

8) 양고기 2인분 주세요. ________________

9) 소고기 1인분 주세요. ________________

10) 소고기 3인분 주세요. ________________

회화 연습

1. 李娜가 동주에게 중국 쓰촨에 가본 적이 있는지 묻는다.

李娜 : Dōng zhù, nǐ qù guo Sìchuān ma ?
东炷，你去过四川吗?

동주 : Wǒ hái méi qù guo, dàn wǒ tīng shuō Chuāncài hěn hǎo chī.
我还没去过，但我听说川菜[1]很好吃。

李娜 : Nà zánmen zhè xīngqītiān zhōngwǔ qù chī Chuāncài ba.
那咱们这星期天中午去吃川菜吧。

Wǒ qǐng nǐ chī dìdao de Chuāncài.
我请你吃地道的[2]川菜。

동주 : Zhēn de ? Tài hǎo le ! Búguò qù nǎr chī a ? Qù Sìchuān a ?
真的？太好了！不过去哪儿吃啊？去四川啊?

李娜 : Nǐ shuō shénme ne ? Wǒ zhīdao yì jiā Chuāncàiguǎn,
你说什么呢[3]？我知道一家川菜馆,

nà jiā de cài hǎochī jí le.
那家的菜好吃极了[4]。

동주 : Chuāncài yǒudiǎnr là, nǐ néng chī là de ma ?
川菜有点儿辣，你能吃辣的吗?

李娜 : Néng chī, wǒ hěn xǐhuan chī là de.
能吃，我很喜欢吃辣的。

2. 동주와 李娜가 식당에 들어선다.

服务员 : Huānyíng guānglín ! Nǐmen jǐ wèi ?
欢迎光临⑤！你们几位?

동주 : Liǎng ge rén.
两个人。

服务员 : Qǐng zhèbian zuò. Zhè shì càidān, qǐng diǎn cài 。
请这边坐。这是菜单，请点菜。

동주 : Wǒ kàn yí xiàr. Lǐ nà, nǐ chī guo Sìchuān huǒguō méi yǒu ?
我看一下儿。李娜，你吃过四川火锅没有?

李娜 : Chī guo ，suīrán yǒudiǎnr là, kěshì hěn hǎochī.
吃过，虽然有点儿辣，可是很好吃。

동주 : Nà zánmen chī huǒguō, hǎo bu hǎo ?
那咱们吃火锅，好不好?

李娜 : Hǎo a. Fúwùyuán, wǒmen yào yuānyāng guōdǐ ,
好啊。服务员，我们要鸳鸯锅底⑥，

hái yǒu, lái yí fèn yángròu、yí fèn niúròu ,
还有，来一份[7]羊肉、一份牛肉，

zài lái yí ge shūcài pīnpán.
再来一个蔬菜拼盘。

服务员 : Hǎo de, yào shénme yǐnliào ma ?
好的，要什么饮料吗[8]?

동주 : Lái yì píng Qīngdǎo píjiǔ.
来一瓶青岛啤酒。

회화 노트

❶ 但我听说川菜很好吃

'川'은 '四川'의 약칭이기에 '川菜'은 '四川菜'를 의미한다. 중국의 행정 구역은 23개의 성, 5개의 자치구, 4개의 직할시, 2개의 특별행정구로 나뉘는데, 각각 약칭을 지닌다. 예) 北京 Běijing - 京 Jīng, 香港 Xiānggǎng - 港 Gǎng

❷ 我请你吃地道的川菜

2음절 형용사가 명사를 수식할 때 그 형용사와 명사 사이에 조사 '的'를 사용한다. 예) 예쁜 친구 → 漂亮的朋友 piàoliang de péngyou , 맛있는 요리 → 好吃的菜 hǎochī de cài

❸ 你说什么呢?

'뭐라는 거야?'의 뜻으로, 누군가가 터무니없는 말을 했을 때 약간의 핀잔을 주며 하는 표현이다.

❹ 那家的菜好吃极了

'极了'는 상태를 나타내는 형용사 뒤에 쓰여 그 상태의 정도가 아주 높음을 나타낸다.

❺ 欢迎光临!

'欢迎光临'은 '방문을 환영합니다'라는 뜻으로, 주로 식당이나 가게, 관광지 등지에서 고객을 맞이할 때 쓰이는 인사말이다.

❻ 我们要**鸳鸯锅底**

중국의 훠궈는 매운 홍탕(红汤 hóngtāng)이나 담백한 백탕(白汤 báitāng)에 고기나 야채류를 넣어 먹는데, '鸳鸯锅底'는 홍탕과 백탕이 원앙새 모양으로 반반씩 있는 것을 가리킨다.

❼ 来一**份**羊肉

양사 '份'은 음식을 나타내는 단어 앞에 쓰이면 일반적으로 '인분'을 의미한다. 일부 훠궈 가게에서 '盘 pán'을 단위로 해서 고기를 팔기도 한다.

❽ 要**什么**饮料**吗**?

이 문장에서 '什么'는 의문의 의미를 나타내는 것이 아니라, 불특정한 대상을 가리킨다. 이처럼 의문사가 불특정한 대상을 가리킬 때는 문장 끝에 의문을 나타내는 조사 '吗'가 쓰일 수 있다.

실전 연습

1. 녹음에서 들려주는 문장의 한어병음을 적으세요.

1) ______________________________

2) ______________________________

3) ______________________________

2. 녹음을 듣고 아래 질문에 대답하세요.

1) 男的吃过四川火锅吗？

2) 女的喜欢吃辣的吗？

3. 주어진 문장을 최대한 자연스러운 말투로 읽으세요.

1) Zhēn de ? Tài hǎo le ! Búguò qù nǎr chī a ? Qù Sìchuān a ?

2) Nǐ shuō shénme ne ?

3) Huānyíng guānglín ! Nǐmen jǐ wèi ?

4. 자신의 상황에 맞게 주어진 질문에 대답하세요.

1) 你去过北京吗？

2) 你能吃辣的吗？

3) 你吃过火锅吗？

5. 주어진 중국어 단어의 한어병음과 뜻을 적으세요.

1) 白酒 __________ __________

2) 飞机 __________ __________

3) 衣服 __________ __________

4) 妻子 __________ __________

5) 机场 __________ __________

6) 帮助 __________ __________

6. 주어진 단어를 어순에 맞게 배열하세요.

1) 没 / 我 / 飞机 / 坐 / 中国 / 过 / 。

2) 电影 / 电影院 / 去 / 看 / 我 / 。

3) 让 / 唱歌 / 妈妈 / 我 / 。

7. 주어진 한어병음을 한자로 바꿔 쓰세요.

1) Tā méi hē guo Qīngdǎo píjiǔ.

2) Wǒ qù dǎ lánqiú.

3) Lái liǎng bēi kělè.

8. 주어진 우리말을 중국어(한자)로 옮기세요.

1) 내 여자친구는 중국어를 배운 적이 있어요.

2) 나는 공항에 친구 마중하러 갑니다.

3) 걔는 비행기를 타고 중국에 갑니다.

중국 문화 산책

중국의 4대 발명품

중국의 고대 발명품 중 세계 과학문명이나 문화생활에 영향을 가장 많이 끼친 것이 바로 4대 발명품이다.

(1) 나침반 : 2000년 전 전국시대에 자성이 있는 물질을 발견한 후 실에 매달아 두었다가 남과 북을 가리키는 성질을 발견하고 응용해 만든 것이다. 처음엔 국자 모양이었으나 차츰 고기 모양의 指南魚가 사용되었고, 송대에 이르러 1,300여 년의 장기적이고 반복적인 실험을 거쳐 현대의 나침반이 되었다.

(2) 종이 : 동한(东汉 DōngHàn) 시대의 채륜(蔡倫 Cài lún)이 기존에 사용하던 제지법을 개량하여 질이 우수하고 정교한 제지법을 완성하였다. 6세기 이후로 중국 제지술이 한반도에 전해졌고 일본 베트남 등지로 전파되었으며, 12-16세기에는 유럽에까지 전파되었다.

(3) 인쇄술 : 4세기에 이미 石碑(shíbēi)를 탁본하는 기술을 습득하였고, 당대에는 조판 인쇄술을 발명하여 먹물을 묻혀 종이를 한 장씩 인쇄하기 시작하였다. 11세기에 북송(北宋)의 필승(畢昇 Bìshēng)이 찰흙을 아교로 굳혀서 만든 활자를 목판 위에 배열한 뒤 먹을 발라 인쇄하는 방법을 사용하였다. 인쇄술은 조선 일본 아랍 등에 먼저 전해졌고, 마르코 폴로가 중국을 다녀간 14세기에 유럽에 전해졌다.

(4) 화약 : 7세기 당대의 유명한 의학자이자 연단가인 손사묘의 <손진인단경>에 화약 제조에 관한 내용이 기재되었으며, 이는 세계 최초의 화약제조 기록이며 현대의 흑색화약 제조법이다. 13세기를 전후해서 화약과 화약무기는 인도와 아랍에 전해졌고, 13세기 후기에서 14세기 초에 유럽으로 전해졌다.

제8과

상하이가 홍콩보다 가까워.

주요 학습 내용

- '~는 ~보다 ~하다'를 표현하는 문형
- '~는 ~와 똑같이 ~하다'
- 두 사물 비교하기

단어

~보다	bǐ	比
좀, 약간	yìdiǎnr	一点儿
훨씬	duō le	多了
(나이가)들다, 많다	dà	大
(키가)크다	gāo	高
마르다, 야위다	shòu	瘦
길다	cháng	长
센티미터	límǐ	厘米
똑똑하다	cōngming	聪明
같다	yíyàng	一样
~에 대해, 맞다	duì	对
흥미, 관심	xìngqù	兴趣
요리 하다	zuò cài	做菜
건국기념일	Guóqìngjié	国庆节
연휴	liánxiū	连休
기차	huǒchē	火车
여행, 여행하다	lǚxíng	旅行
상하이	Shànghǎi	上海
왜, 무엇 때문에	wèi shénme	为什么
~ 때문에	yīnwèi	因为
가깝다	jìn	近

멀다	yuǎn	远
만약	yàoshi	要是
필요하다	xūyào	需要
시간	shíjiān	时间
게다가	érqiě	而且
비교적	bǐjiào	比较
많다	duō	多
편리하다	fāngbiàn	方便
키	gèzi	个子
아마	hǎoxiàng	好像
어째서, 왜	zěnme	怎么
이것들	zhè xiē	这些
알려주다	gàosu	告诉
이미	yǐjing	已经
애석하다, 아깝다	kěxī	可惜

문형 연습

기본문형1 'A는 B보다 C하다'를 표현하는 문형:

A주어 + 比bǐ + B비교대상 + C형용사술어

문형 노트

'내가 걔보다 나이가 많아요', '상하이 가는 것이 홍콩 가는 것보다 좋아요'처럼 어떤 두 사물이나 동작을 비교할 때, 즉 '~는 ~보다 ~하다'라는 의미를 표현할 때 비교하는 대상 앞에 전치사 '比'를 사용하고, 비교 대상 뒤에 비교하는 성질이나 상태를 나타내는 말을 하면 된다. '내가 걔보다 나이가 두 살 더 많아요'의 '두 살'처럼 비교한 결과의 구체적 차이를 나타내는 말은 성질이나 상태를 나타내는 말 뒤에 위치한다. '내가 걔보다 나이가 좀 많아요', '내가 걔보다 나이가 훨씬 더 많아요'의 '좀'이나 '훨씬'처럼 비교 결과의 차이가 대략적으로 적음을 나타낼 때는 '一点儿 yìdiǎnr', 많음을 나타낼 때는 '多了 duō le'를 쓰면 된다.

1) 내가 걔보다 나이가 많습니다.
   Wǒ bǐ tā dà. 我比他大。

2) 걔가 나보다 나이가 많아요. ______________________

3) 걔가 나보다 (키가) 커요. ______________________

4) 우리 형이 나보다 (키가) 큽니다. ______________________

5) 우리 형이 나보다 말랐어요. ______________________________

6) 내 룸메이트는 나보다 야위었어요. ______________________________

7) 걔 휴대폰이 내 휴대폰보다 비싸요. ______________________________

8) 이것이 저것보다 비싸요. ______________________________

9) 이것이 저것보다 길어. ______________________________

10) 이 치마가 저 치마보다 길어요. ______________________________

응용문형① 'A는 B보다 C만큼 D하다'를 표현하는 문형:

A주어 + 比bǐ + B비교 대상 + D형용사술어 + C비교 차이

1) 내가 걔보다 나이가 두 살 많습니다.
   Wǒ bǐ tā dà liǎng suì. 我比他大两岁。

2) 걔가 나보다 2센티미터 더 커요. ______________________________

3) 내 것이 네 것보다 10위안 비싸. ______________________________

4) 이것이 저것보다 100위안 더 싸. ______________________________

5) 내 치마가 너 치마보다 5센티미터 더 길어. ______________________________

응용문형② 'A는 B보다 좀 C하다'를 표현하는 문형:

A주어 + 比bǐ + B비교 대상 + C형용사술어 + 一点儿yìdiǎnr

1) 내가 걔보다 나이가 약간 많습니다.
Wǒ bǐ tā dà yìdiǎnr. 我比他大一点儿。

2) 내가 너보다 (키가) 좀 커. ______________________________

3) 네가 나보다 좀 더 말랐어. ______________________________

4) 이것이 저것보다 좀 비싸요. ______________________________

5) 이 치마가 저 치마보다 좀 더 싸. ______________________________

응용문형③ 'A는 B보다 훨씬 C하다'를 표현하는 문형:

A주어 + 比bǐ + B비교 대상 + C형용사술어 + 多了 duō le

1) 내가 걔보다 나이가 훨씬 많습니다.
Wǒ bǐ tā dà duō le. 我比他大多了。

2) 걔가 나보다 훨씬 커요. ______________________________

3) 네가 나보다 훨씬 말랐어. ______________________________

4) 이 치마가 저 치마보다 훨씬 더 길어. ______________________________

5) 걔가 나보다 훨씬 똑똑해. ______________________________

기본문형2 'A는 B와 같다'를 표현하는 문형:

A주어 + 跟gēn + B비교 대상 + 一样yíyàng

문형 노트

'걔는 나와 같아요'처럼 두 사물을 비교한 결과가 같을 때, 즉 '~는 ~와 같다'라는 의미를 표현할 때 전치사 '跟'을 비교대상 앞에 쓰고, 비교 대상 뒤에 '一样'을 붙이면 된다. '걔는 나와 똑같이 커요'처럼 비교하는 성질이나 상태를 구체적으로 이야기할 때는 '一样' 뒤에 그 말을 붙이면 된다.

1) 걔는 나와 같아요.
Tā gēn wǒ yíyàng. 他跟我一样。

2) 나는 걔랑 같아요. ______________________________

3) 네 것은 내 것과 같아. ______________________________

4) 내 것과 네 것은 같아. ______________________________

5) 이것은 저것과 같아요. ______________________________

6) 저것과 이것은 같아요. ______________________________

7) 이 치마는 저 치마와 같아. ______________________________

8) 저 치마와 이 치마는 같아. ______________________________

9) 한국인은 중국인과 같아. ______________________________

10) 중국인은 한국인과 같아. ______________________________

응용문형① 'A는 B와 똑같이 C하다'를 표현하는 문형:

A주어 + 跟gēn + B비교 대상 + 一样yíyàng + C형용사술어

1) 걔는 나와 키가 똑같아요.
Tā gēn wǒ yíyàng gāo. 他跟我一样高。

2) 걔는 나와 나이가 같아요. ______________________________

3) 이것은 저것과 똑같이 비싸요. ______________________________

4) 이 치마는 저 치마와 똑같이 길어요. ______________________________

5) 걔는 나와 똑같이 똑똑해요. ______________________________

기본문형3 'A는 B에 관심이 있다'를 표현하는 문형:

A주어 + 对duì + B행위·사물 + 有兴趣yǒu xìngqù

문형 노트

'나는 중국어 공부하는 것에 흥미가 있어요', '나는 걔한테 관심이 있어'처럼 어떤 행위나 사물에 관심이나 흥미를 느끼고 있다는 것을 나타낼 때, 즉 '~는 ~에 흥미가 있어요'라는 의미를 표현할 때 관심을 느끼는 대상 앞에 전치사 '对'를 붙이고, 뒤에 '有兴趣 yǒu xìngqù'라고 말하면 된다. '나는 걔한테 관심이 없어'처럼 관심이나 흥미가 없을 때는 '有' 앞에 '没'를 붙이면 된다.

1) 나는 중국어 공부하는 것에 흥미가 있어요.
Wǒ duì xué Hànyǔ yǒu xìngqù. 我对学汉语有兴趣。

2) 걔는 영어 공부에 흥미가 있습니다. ______

3) 걔는 농구하는 것에 흥미가 있어요. ______

4) 걔는 축구하는 것에 흥미가 있어. ______

5) 걔는 수영에 관심이 있어요. ______

6) 걔는 춤추는 것에 관심이 있어요. ______

7) 걔는 중국요리 하는 것에 흥미가 있습니다. ______

8) 걔는 내 친구에게 관심이 있어요. ______

9) 나는 걔한테 관심이 있어. ____________________

10) 내 친구가 너에게 관심이 있어. ____________________

응용문형① 'A는 B에 관심이 없다'를 표현하는 문형:

A주어 + 对duì + B행위·사물 + 没有兴趣méiyǒu xìngqù

1) 나는 중국어 공부하는 것에 흥미가 없어요.
Wǒ duì xué Hànyǔ méiyǒu xìngqù. 我对学汉语没有兴趣。

2) 나는 농구하는 것에 흥미가 없어. ____________________

3) 걔는 요리하는 것에 흥미가 없어요. ____________________

4) 걔는 너에게 관심이 없어. ____________________

5) 나는 걔한테 관심이 없어. ____________________

회화 연습

1. 동주가 李娜에게 어디를 여행가면 좋을지 묻는다.

동주 : Xià ge yuè Guóqìngjié liánxiū shí, wǒ xiǎng zuò huǒchē qù lǚxíng.
下个月国庆节❶连休时，我想坐火车去旅行。

nǐ juéde qù Shànghǎi hǎo ne, háishi qù Xiānggǎng hǎo ne ?
你觉得去上海好呢❷，还是去香港好呢?

李娜 : Wǒ juéde qù Shànghǎi bǐ qù Xiānggǎng hǎo yìdiǎnr.
我觉得去上海比去香港好一点儿。

동주 : Wéi shénme ne ?
为什么❸呢?

李娜 : Yīnwèi Shànghǎi bǐ Xiānggǎng jìn a, Xiānggǎng tài yuǎn le,
因为上海比香港近啊，香港太远了，

yàoshi zuò huǒchē qù Xiānggǎng, xūyào hěn cháng shíjiān.
要是坐火车去香港，需要很长时间。

érqiě qù Shànghǎi de huǒchē bǐjiào duō,
而且去上海的火车比较多，

bǐ qù Xiānggǎng gèng fāngbiàn.
比 去 香 港 更 方 便。

동주 : Hǎo, tīng nǐ de.
好 , 听 你 的[4]。

2. 李娜가 동주에게 동주의 룸메이트에 대해 묻는다.

李娜 : Nǐ yǒu shìyǒu ba ? Nǐ shìyǒu bǐ nǐ dà ma ?
你 有 室 友 吧 ? 你 室 友 比 你 大 吗 ?

동주 : Duì, tā bǐ wǒ dà liǎng suì.
对[5] , 他 比 我 大 两 岁。

李娜 : Gèzi ne ? Bǐ nǐ gāo ma ?
个 子 呢 ? 比 你 高 吗?

동주 : Tā hǎoxiàng gēn wǒ yíyàng gāo.
他 好 像 跟 我 一 样 高。

李娜 : Tā yǒu méiyǒu nǚ péngyou ?
他 有 没 有 女 朋 友 ?

동주 : Nǐ zěnme wèn zhè xiē ya ? Nǐ duì tā yǒu xìngqù ?
你 怎 么[6] 问 这 些 呀 ? 你 对 他 有[7] 兴 趣?

李娜 : Bú shì wǒ, shì wǒ péngyou duì tā yǒu xìngqù.
不 是 我 , 是 我 朋 友 对 他 有 兴 趣。

동주 : Nǐ gàosu tā wǒ shìyǒu yǐjing yǒu nǚ péngyou le.
你告诉[8]她我室友已经有女朋友了。

李娜 : Zhēn kěxī !
真可惜!

회화 노트

❶ 下个月**国庆节**连休时

'国庆节'는 10월 1일인데, 1949년 10월 1일에 베이징의 톈안먼(天安门 Tiān'ānmén) 광장에서 중화인민공화국(中华人民共和国 Zhōnghuá Rénmín Gònghéguó)의 수립이 선언되었다. '国庆节'는 법정 공휴일은 3일이지만 일반적으로 일주일 정도 연휴를 갖는다.

❷ 你觉得去上海好**呢**, 还是去香港好**呢**?

'还是'가 쓰이는 선택의문문에서 조사 '吗'는 쓰일 수 없지만, 의문의 느낌을 나타내는 조사 '呢'는 앞 뒤 문장에 자주 쓰인다.

❸ **为什么**呢?

의문사 '为什么'는 '왜', '무엇 때문에'의 뜻으로, 원인이나 이유를 물을 때 쓰인다.

❹ **听你的**

'听你的'는 '的' 뒤에 '话'가 생략된 것으로, '너의 말을 들을게', '네 말대로 할게'의 뜻을 표현한다. '내 말을 들어'라고 할 때는 '听我的'라고 하면 된다.

❺ **对**, 他比我大两岁

'对'는 '~에 대해서'라는 뜻 외에도, '맞다', '옳다'라는 뜻도 지닌다.

❻ 你**怎么**问这些呀?

'怎么'는 '어째서'의 뜻으로, '为什么'가 주로 정말로 이유를 물을 때 쓰이는 반면, '怎么'는 불만이나 의구심을 느낄 때 주로 쓰인다.

❼ 你对他**有**兴趣?

'~에 대해 홍미를 느끼다'라고 표현할 때, '有' 대신에 '느끼다'라는 뜻의 동사 '感 gǎn'을 쓸 수도 있다.

❽ 你**告诉**她我室友已经有女朋友了

'告诉'는 '(~에게 ~을)알리다'라는 뜻인데, '~에게'를 표현하는 성분과 '告诉'를 같이 말할 때, '~에게'에 해당하는 성분은 '告诉' 뒤에 위치한다. 예) 그에게 알려줘 → 告诉他

실전 연습

1. 녹음에서 들려주는 문장의 한어병음을 적으세요.

1) ____________________

2) ____________________

3) ____________________

2. 녹음을 듣고 아래 질문에 대답하세요.

1) 女的今年多大？

2) 女的姐姐今年多大？

3. 주어진 문장을 최대한 자연스러운 말투로 읽으세요.

1) Yīnwèi Shànghǎi bǐ Xiānggǎng jìn a, Xiānggǎng tài yuǎn le.

2) Hǎo, tīng nǐ de.

3) Nǐ zěnme wèn zhè xiē ya ? Nǐ duì tā yǒu xìngqù ?

4. 자신의 상황에 맞게 주어진 질문에 대답하세요.

1) 你去过香港吗？ 怎么样？

2) 你有女(男)朋友吗？ 她(他)今年多大？

3) 你对学汉语有兴趣吗？

5. 주어진 중국어 단어의 한어병음과 뜻을 적으세요.

1) 大 __________ __________

2) 长 __________ __________

3) 聪明 __________ __________

4) 厘米 __________ __________

5) 火车 __________ __________

6) 需要 __________ __________

6. 주어진 단어를 어순에 맞게 배열하세요.

1) 一点儿 / 你 / 我 / 比 / 高 / 。

2) 聪明 / 我 / 跟 / 他 / 一 / 样。

3) 对 / 兴趣 / 篮球 / 他 / 有 / 打 / 。

7. 주어진 한어병음을 한자로 바꿔 쓰세요.

1) Wǒ shìyǒu bǐ wǒ shòu.

2) Tā gēn wǒ yíyàng dà.

3) Tā duì zuò cài méi yǒu xìngqù.

8. 주어진 우리말을 중국어(한자)로 옮기세요.

1) 이것이 저것보다 좀 비싸요.

2) 이 치마는 저 치마와 똑같이 길어요.

3) 걔는 너에게 관심이 없어.

중국 문화 산책

중국의 기념일

중국의 공휴일과 기념일은 대부분 중국공산당의 정통성과 혁명성을 고무시키기 위해 제정된 날로 다분히 정치적인 색채를 띠고 있다. 1949년 중화인민공화국 수립 이후, 추석이나 단오 같은 전통 명절보다는 정치적 이념의 기념일을 강조하고 있다.

1) 부녀절 (妇女节 Fùnǚjiē) : 3월 8일. 국제 여성 투쟁 기념일.
2) 노동절 (劳动节 Láodòngjié) : 5월 1일. 1995년 주 5일제 근무제가 시작된 날.
   1995년 주 5일제 근무를 시작하면서 중국의 법정 공휴일은 110일이 되었다.
3) 청년절 (青年节 Qīngniánjié) : 1919년 5월4일 굴욕적인 파리강화조약 체결의 무효를 주장하고 반제 반봉건주의를 표방하는 5.4운동을 기념하는 날.
4) 아동절 (儿童节 Értóngjié) : 6월 1일. 세계아동의 날과 같음.
5) 건당절 (建党节 Jiàndǎngjié) : 7월 1일. 중국공산당 수립 기념일.
6) 건군절 (建军节 Jiànjūnjié) : 8월 1일. 1949년 중국공산당이 집권한 후 제정한 날.
7) 국경절 (国庆节 Guoqìngjié) : 10월 1일. 중화인민공화국이 수립된 날.

제9과

여기서 얼마나 멀죠?

주요 학습 내용

- '~에 가려는데 어떻게 가죠?'를 표현하는 문형
- '~는 ~동안 ~하다'를 표현하는 문형
- 길 묻고 답하기

단어

가다, 이동하다	zǒu	走
지하철역	dìtiězhàn	地铁站
버스정류장	qìchēzhàn	汽车站
북경대학교	Běijīng Dàxué	北京大学
만리장성	Chángchéng	长城
병원	yīyuàn	医院
옆쪽	pángbiān	旁边
앞쪽	qiánbian	前边
뒤쪽	hòubian	后边
오른쪽	yòubian	右边
왼쪽	zuǒbian	左边
책상	zhuōzi	桌子
위쪽	shàngbian	上边
아래쪽	xiàbian	下边
바깥쪽	wàibian	外边
화장실	xǐshǒujiān	洗手间
현금자동인출기	zìdòng qǔkuǎnjī	自动取款机
~에서, ~로부터	lí	离
시간[시간양]	xiǎoshí	小时
분[시간양]	fēnzhōng	分钟
유스호스텔	qīngnián lǚshè	青年旅舍

미안합니다	bù hǎoyìsi	不好意思
다른 사람	biérén	别人
실례합니다	láojià	劳驾
바로, 틀림없이	jiù	就
줄곧, 곧장	yìzhí	一直
~쪽으로, ~을 향해	wǎng	往
도착하다	dào	到
사거리	shízì lùkǒu	十字路口
돌다, 방향을 바꾸다	guǎi	拐
거의	chà bu duō	差不多
대로, 도로	mǎlù	马路
맞은편	duìmiàn	对面
유심칩	shǒujīkǎ	手机卡
아마	kǒngpà	恐怕

문형 연습

기본문형1 'A에 가려는데 어떻게 갑니까?'를 표현하는 문형:

去qù + A장소 + 怎么走zěnme zǒu

문형 노트

'지하철역 가려는데 어떻게 갑니까'처럼 어떤 목적지에 도착하려면 어떻게 이동해 가는지 물을 때, 즉 '~에 가려는데 어떻게 가죠?'라는 의미를 표현할 때, '去' 다음에 목적지를 말하고, 그런 후에 '怎么走'라고 하면 된다.

1) 지하철역 가려는데 어떻게 가나요?
Qù dìtiězhàn zěnme zǒu? 去地铁站怎么走?

2) 버스정류장 가는데 어떻게 가죠? ______________________

3) 쓰촨 요리 식당 가려는데 어떻게 가나요? ______________________

4) 공항 가려는데 어떻게 가죠? ______________________

5) 유학생 사무실 가려는데 어떻게 가죠? ______________________

6) 구내식당 가려는데 어떻게 가나요? ______________________

7) 북경대학교 가려는데 어떻게 갑니까? ______________________

8) 만리장성 가려는데 어떻게 가죠? ______________________________

9) 편의점 갈 건데 어떻게 가나요? ______________________________

10) 병원 가려는데 어떻게 가죠? ______________________________

기본문형2 'A는 B의 C에 있다'를 표현하는 문형:

A주어 + 在zài + B사물 + C방위사

문형 노트

'지하철역은 버스정류장의 옆쪽에 있어요'처럼 '무엇이 어떤 장소에 있다'를 나타내려면 동사 '在'를 쓰면 되고, '버스정류장의 옆쪽'처럼 어느 사물의 어떤 방향을 나타낼 때는, 방위를 나타내는 단어(방위사)를 사물을 나타내는 말 뒤에 쓰면 된다.

1) 지하철역은 버스정류장의 옆쪽에 있어요.
Dìtiězhàn zài qìchēzhàn pángbiān. 地铁站在汽车站旁边。

2) 버스정류장은 쓰촨 요리 식당 앞쪽에 있어요. ______________________________

3) 쓰촨 요리 식당은 편의점 뒤쪽에 있어. ______________________________

4) 편의점은 병원 안쪽에 있어요. ______________________________

5) 병원은 북경대학교 오른쪽에 있어요. ______________________________

6) 북경대학교는 지하철역 왼쪽에 있어요. ______________________

7) 너 휴대폰은 책상 위에 있어. ______________________

8) 네 책가방은 책상 아래에 있어. ______________________

9) 책상이 사무실 바깥에 있어요. ______________________

10) 사무실은 화장실 옆에 있어요. ______________________

기본문형3 'A의 B에는 C가 있다'를 표현하는 문형:

A사물 + B방위사+ 有yǒu + C사물

문형 노트

'버스정류장 옆쪽에는 지하철역이 있습니다'처럼 '어떤 장소에 무엇인가가 있다'를 나타내려면 동사 '有'를 사용한다. 어떤 사물이 어떤 장소에 위치함을 설명할 때는 '在'를 쓰고, 어떤 공간에 어떤 사물이 존재함을 설명할 때는 '有'를 쓴다. '有' 뒤에는 일반적으로 특정한 사물이 오지 못한다. '학교 부근에 편의점이 있나요?'처럼 어떤 장소에 무엇인가가 존재하는지를 물을 때는 장소를 나타내는 말 뒤에 '有'를 써서 물으면 된다.

1) 버스정류장의 옆쪽에는 지하철역이 있어요.
Qìchēzhàn pángbiān yǒu dìtiězhàn. 汽车站旁边有地铁站。

2) 쓰촨 요리 식당 앞쪽에는 버스정류장이 있어요. ______________________

3) 편의점 뒤쪽에는 식당이 있어요. ____________________

4) 병원 안쪽에는 편의점이 있어요. ____________________

5) 북경대학교 오른쪽에는 병원이 있어요. ____________________

6) 지하철역 왼쪽에는 학교가 있어요. ____________________

7) 책상 위에는 휴대폰이 있어요. ____________________

8) 책상 아래에는 책가방이 있어. ____________________

9) 사무실 바깥에는 책상이 있어요. ____________________

10) 화장실 옆에는 사무실이 있어요. ____________________

응용문형① 'A의 B에 C가 있습니까?'를 표현하는 문형:

A사물 + B방위사+ 有yǒu + C사물 + 吗ma

1) 학교 부근에 편의점이 있나요?
Xuéxiào fùjìn yǒu biànlìdiàn ma? 学校附近有便利店吗?

2) 학교 안에 병원이 있나요? ____________________

3) 병원 앞에 지하철역이 있나요? ____________________

4) 지하철역 옆에 화장실이 있나요? ______________________

5) 여기 부근에 현금인출기가 있나요? ______________________

기본문형4 'A는 B에서 얼마나 멉니까?'를 표현하는 문형:

A장소 + 离lí + B기준점 + 多远duō yuǎn

문형 노트

'중국은 한국에서 가깝고, 미국에서 멀어요'란 말은 중국이 한국을 기준으로 하면 가깝고, 미국을 기준으로 하면 멀다는 뜻이다. 이처럼 두 지점 사이의 거리가 멀거나 가까움을 나타낼 때 기준점으로 삼는 장소 앞에 전치사 '离'를 쓴다. 어떤 상태의 정도를 물을 때는 의문사 '多'를 쓰기에, '얼마나 멀어요?'는 '多远?'으로 표현한다.

1) 지하철역은 여기서 얼마나 멀죠?
Dìtiězhàn lí zhèr duō yuǎn ? 地铁站离这儿多远?

2) 버스정류장은 지하철역에서 얼마나 멀죠? ______________________

3) 화장실은 버스정류장에서 얼마나 멀죠? ______________________

4) 만리장성은 학교에서 얼마나 멀죠? ______________________

5) 네 집은 여기에서 얼마나 멀어? ______________________

6) 회사는 네 집에서 얼마나 멀어? ______________________

7) 상하이는 베이징에서 얼마나 멀죠? ______

8) 홍콩은 상하이에서 얼마나 멀죠? ______

9) 베트남은 한국에서 얼마나 멀죠? ______

10) 구내식당은 기숙사에서 얼마나 멀어요? ______

기본문형5 'A는 B동안 C하다'를 표현하는 문형:

A주어 + C동사술어 + B시간양

문형 노트

'나는 1시간 동안 공부합니다'처럼 동작이 지속된 시간의 양을 나타낼 때, 즉 '~는 ~ 동안 ~하다'라는 의미를 표현할 때, 동사를 먼저 말한 후에 시간의 양을 나타내는 말을 하면 된다. 시간의 양을 나타내는 단어 중에서 '小时'는 양사 '个'를 생략할 수 있지만, '月'는 '个'가 반드시 있어야 한다. '나는 1시간 동안 공부했습니다'처럼 이미 끝난 동작의 시간양을 나타낼 때는 동사 뒤에 조사 '了'를 사용한다.

1) 나는 1시간 동안 공부합니다.
Wǒ xué yí ge xiǎoshí. 我学一个小时。

2) 나는 2시간 공부합니다. ______

3) 나는 3시간 기다립니다. ______

4) 나는 10분 기다립니다. ______________________________

5) 나는 5분을 걷습니다. ______________________________

6) 나는 20분 동안 걷습니다. ______________________________

7) 나는 10분 쉽니다. ______________________________

8) 나는 한 달 쉽니다. ______________________________

9) 나는 두 달 일합니다. ______________________________

10) 나는 10개월 일합니다. ______________________________

응용문형① 'A는 B동안 C하였다'를 표현하는 문형:

A주어 + C동사술어 + 了 le + B시간양

1) 나는 1시간 동안 공부했습니다.
Wǒ xué le yí ge xiǎoshí. 我学了一个小时。

2) 걔는 3시간을 기다렸어. ______________________________

3) 걔들은 5분 동안 걸었어요. ______________________________

4) 우리는 10분 쉬었어요. ______________________________

5) 나는 한 달 일했어요. ________________

회화 연습

1. 상해에 여행을 온 동주가 예약한 유스호스텔을 찾기 위해 길을 묻는다.

동주 : Qǐng wèn, qù Hépíng Qīngnián Lǚshè zěnme zǒu ?
请问❶，去和平青年旅舍❷怎么走?

行人 : Bù hǎoyìsi, wǒ yě bù zhīdao. Nín wènwen biérén ba.
不好意思❸，我也不知道。您问问别人吧。

(동주가 다른 사람에게 묻는다)

동주 : Láojià, wǒ wèn yí xià, nín zhīdao Hépíng Qīngnián Lǚshè zài nǎr ma?
劳驾❹，我问一下，您知道和平青年旅舍在哪儿吗?

行人 : Jiù zài Shànghǎi Diànyǐngyuàn pángbiān.
就在上海电影院旁边。

동주 : Nà Shànghǎi Diànyǐngyuàn zěnme zǒu ?
那上海电影院怎么走?

行人 : Nǐ yìzhí wǎng qián zǒu, dào shízì lùkǒu wǎng yòu guǎi,
你一直往前走，到十字路口往右拐，

zài yìzhí wǎng qián zǒu jiù shì le.
再一直往前走就是了。

동주 : Lí zhèr duō yuǎn ?
离这儿多远？

行人 : Chà bu duō yì bǎi mǐ zuǒyòu.
差不多一百米左右。

동주 : Xièxie nín.
谢谢您。

2. 동주가 게스트하우스 들어가기 전에 돈을 인출하기 위해 현금인출기를 찾는다.

동주 : Qǐng wèn, fùjìn yǒu zìdòng qǔkuǎnjī ma ?
请问，附近有自动取款机吗？

行人 : Yǒu, jiù zài mǎlù duìmiàn.
有，就在马路对面。

동주 : Lí zhèr yuǎn ma ?
离这儿远吗？

行人 : Bù yuǎn, zǒu wǔ fēnzhōng jiù dào.
不远，走五分钟就到。

동주 : Bù hǎoyìsi, zài wèn yí xià, wǒ xiǎng mǎi shǒujīkǎ,
不好意思，再问一下，我想买手机卡❺，

zhèr fùjìn yǒu mài shǒujīkǎ de ma ?
这儿附近有卖手机卡的❻吗?

行人 : Zhèr fùjìn kǒngpà méiyǒu.
这 儿 附 近 恐 怕[7] 没 有。

동주 : Hǎo de, xièxie !
好 的 , 谢 谢!

行人 : bú kèqi !
不 客 气!

회화 노트

❶ 请问

'请问'은 '말씀 좀 묻겠습니다'라는 뜻으로, 누군가에게 예의있게 질문할 때 자주 쓰는 표현이다.

❷ 去和平青年旅舍怎么走?

'유스호스텔'을 중국어로는 일반적으로 '青年旅舍'라고 하는데, 어떤 곳은 '青年酒店 qīngnián jiǔdiàn', '青年旅馆 qīngnián lǚguǎn'으로 부르기도 한다. '青年旅舍'는 '게스트 하우스'를 의미하기도 한다.

❸ 不好意思

'不好意思'는 '미안합니다'라는 뜻인데, 그 어감이 '对不起'보다 좀 더 가볍고 구어적이다.

❹ 劳驾

'劳驾'는 '실례합니다'의 뜻으로, 누군가에게 뭔가를 부탁하거나 질문할 때 쓰이는 인사말이다.

❺ 我想买手机卡

스마트폰 속에 들어가는 유심칩을 '手机卡' 혹은 'sim卡'라고 한다.

❻ 这儿附近有卖手机卡的吗?

'的' 뒤에서 수식을 받는 명사는 상황에 따라 생략할 수 있는데, 이 문장에서는 '가게'라는 뜻의 '商店 shāngdiàn'이 생략되었다.

❼ 这儿附近恐怕没有

'恐怕'는 '아마도 ~일 것이다'라는 뜻인데, 주로 부정적이거나 나쁜 결과를 예상할 때 쓰인다.

실전 연습

1. 녹음에서 들려주는 문장의 한어병음을 적으세요.

1) ______________________

2) ______________________

3) ______________________

2. 녹음을 듣고 아래 질문에 대답하세요.

1) 北京饭店在哪儿？

2) 去和平邮局怎么走？

3. 주어진 문장을 최대한 자연스러운 말투로 읽으세요.

1) Bù hǎoyìsi, wǒ yě bù zhīdao. nín wènwen biérén ba.

2) Nà Shànghǎi Diànyǐngyuàn zěnme zǒu ?

3) Zhèr fùjìn kǒngpà méiyǒu.

4. 자신의 상황에 맞게 주어진 질문에 대답하세요.

1) 这儿附近有便利店吗？

2) 洗手间在哪儿？

3) 你家离这儿远吗？

5. 주어진 중국어 단어의 한어병음과 뜻을 적으세요.

1) 地铁站 __________ __________

2) 长城 __________ __________

3) 旁边 __________ __________

4) 后边 __________ __________

5) 桌子 __________ __________

6) 劳驾 __________ __________

6. 주어진 단어를 어순에 맞게 배열하세요.

1) 去机场怎么走?

2) 你的书包在桌子下。

3) 他等了三个小时。

7. 주어진 한어병음을 한자로 바꿔 쓰세요.

1) Bàngōngshì zài xǐshǒujiān pángbiān.

2) Zhèr fùjìn yǒu zìdòng qǔkuǎnjī ma?

3) Gōngsī lí nǐ jiā duō yuǎn?

8. 주어진 우리말을 중국어(한자)로 옮기세요.

1) 지하철역 옆에 화장실이 있나요?

2) 나는 10분 쉽니다.

3) 나는 1시간동안 공부했습니다.

중국 문화 산책

중국의 술

차의 역사보다 더 오랜 전통을 지닌 술은 쌀, 보리, 수수 등의 곡물을 원료로 해서 그 지방의 기후와 풍토에 맞게 술을 빚었다. 같은 원료의 술일지라도 각 지역마다 제조기술이나 맛의 차이가 많이 난다.

중국의 술은 두강(杜康 Dùkāng)이 처음으로 만들었다는 기록이 있는데, 그렇다면 그 역사는 4200여 년 정도이다. 중국술은 白酒(báijiǔ), 黃酒(huángjiǔ), 藥味酒(yàowèijiǔ), 기타 재제주 등으로 구분하며, 지역에 따라 제조법과 원료의 차이가 있어 술마다 독특한 풍미가 있다.

종류가 수백 종에 달하는 중국술은 통상적으로 八大名酒(bā dà míngjiǔ), 十大名酒(shí dà míngjiǔ) 등을 손꼽는다. 사람 혹은 지방마다 선택 기준이 조금씩 다르지만, 茅台酒(Máotáijiǔ), 五粮液(Wǔliángyè), 汾酒(Fénjiǔ), 竹叶青酒(Zhúyèqīngjiǔ), 泸州大曲(Lúzhōudàqū), 古井貢酒(Gujǐnggòngjiǔ), 董酒(Dǒngjiǔ), 剑南春(Jiànnánchūn), 孔府家酒(Kǒngfǔjiājiǔ), 西凤酒(Xīfèngjiǔ), 绍兴酒(Shàoxīngjiǔ) 등을 대표적인 술로 꼽는다.

최근 중국에서는 맥주 소비량이 많이 증가하고 있으며, 각 지역마다 유명한 맥주 브랜드가 있다. 예를 들어, 베이징에는 燕京啤酒(Yànjīng píjiǔ), 칭다오에는 青島啤酒(Qīngdǎo píjiǔ), 항저우에는 西湖啤酒(Xīhú píjiǔ) 등이 유명하다. 각 지역의 맥주는 대부분 그 지역을 대표하는 이름이 붙여져 있으므로 그 지역에서는 지역 맥주를 선호한다.

제10과

조식 포함인가요?

주요 학습 내용

- '~는 ~를 ~하였다'를 표현하는 문형(2)
- '~는 ~을 할 계획이다'를 표현하는 문형
- 유스호스텔 체크인 하기

단어

예약하다	yùdìng	预订
방	fángjiān	房间
아메리카노	měishì kāfēi	美式咖啡
인터넷	wǎng	网
커피숍	kāfēitīng	咖啡厅
노래방	liàngēfáng	练歌房
~할 계획이다, 작정이다	dǎsuan	打算
HSK[중국어 능력 시험]	Hànyǔ Shuǐpíng Kǎoshì	汉语水平考试
토플	Tuōfú	托福
참가하다	cānjiā	参加
떠나다	líkāi	离开
서울	Shǒu'ěr	首尔
여행하다	lǚyóu	旅游
한국어	Hányǔ	韩语
비행기표	fēijīpiào	飞机票
퇴실하다, 체크아웃하다	tuìfáng	退房
때, 시각	shíhou	时候
침대칸, 침대자리	chuángwèi	床位
찾아보다, 조사하다	chá	查
잠시, 약간	shāo	稍
6인실	liùrénjiān	六人间

내보이다, 제시하다	chūshì	出示
여권	hùzhào	护照
복사하다	fùyìn	复印
방비	fángfèi	房费
담보금, 보증금	yājīn	押金
포함하다	bāohán	包含
아침식사	zǎocān	早餐
층	lóu	楼
방키, 방카드	fángkǎ	房卡
잡다, 지니다	ná	拿
이전의, 원래의	yuánlái	原来
바꾸다	huàn	换
단지, 다만	jiùshì	就是
공용의, 공공의	gōnggòng	公共
욕실	yùshì	浴室
편리하다	fāngbiàn	方便
1인실	dānrénjiān	单人间
화장실	wèishēngjiān	卫生间

문형 연습

기본문형1 'A는 B C D를 E하였다'를 표현하는 문형:

A주어 + E동사술어 + 了 le + C수사 + D양사 + B목적어

문형 노트

'내가 방을 예약했습니다', '내가 방 하나를 예약했습니다'처럼 동작의 과거나 완료를 나타낼 때 조사 '了'가 쓰이는데, '내가 방을 예약했습니다'처럼 동작의 대상(목적어)이 수식성분을 지니지 않으면 '了'를 보통 목적어 뒤에 두고, '내가 방 하나를 예약했습니다'처럼 동작의 대상(목적어)이 수식성분을 지닐 경우에는 '了'를 보통 동사 바로 뒤에 둔다. '나는 인터넷에서 방 하나를 예약했습니다'처럼 동작이 발생했던 장소를 말할 때는 '在 zài + 장소'를 동사 앞에 두면 된다.

1) 내가 방 하나를 예약했습니다.
   Wǒ yùdìng le yí ge fāngjiān. 我预订了一个房间。

2) 내 여동생이 방을 두 개 예약했습니다. ____________________

3) 내 여동생이 양고기 2인분을 먹었어요. ____________________

4) 내 남동생이 양고기를 3인분 먹었습니다. ____________________

5) 내 남동생이 아메리카노를 세 잔 마셨어요. ____________________

6) 걔는 아메리카노 한 잔을 마셨어. ____________________

7) 걔는 맥주를 한 병 샀어. ____________________

8) 걔들은 맥주 네 병을 샀어. ____________________

9) 걔들은 노래를 네 곡 불렀어. ____________________

10) 우리는 노래 두 곡을 불렀어. ____________________

응용문형① 'A는 B에서 C D E를 F하였다'를 표현하는 문형:

A주어 + 在zài + B장소 + F동사술어 + 了le + D수사 + E양사 + C목적어

1) 내가 인터넷에서 방 하나를 예약했습니다.
   Wǒ zài wǎng shang yùdìng le yí ge fángjiān. 我在网上预订了一个房间。

2) 나는 식당에서 양고기 2인분을 먹었어. ____________________

3) 나는 커피숍에서 아메리카노를 세 잔 마셨어. ____________________

4) 우리는 상점에서 맥주를 두 병 샀습니다. ____________________

5) 우리는 노래방에서 노래 다섯 곡을 불렀어요. ____________________

기본문형2 'A는 (B를) C할 계획이다'를 표현하는 문형:

A주어 + 打算dǎsuan + C동사 (+ B목적어)

문형 노트

'나는 홍콩에 갈 계획입니다'처럼 어떤 행위를 하려고 계획하거나 고려할 때, 즉 '~는 ~할 계획이다'라는 의미를 표현할 때 동사 '打算'을 하려고 하는 행위 앞에 쓰면 된다. '나는 내년에 홍콩에 갈 계획입니다'처럼 계획하는 행위와 그 행위가 발생할 시간을 같이 말할 때 '打算'을 발생시간과 행위보다 먼저 말하고, '나는 홍콩에서 사흘을 머물 계획입니다'처럼 계획하는 행위와 그 행위가 발생하는 장소를 같이 말할 때도 '打算'을 발생장소와 행위보다 먼저 말한다.

1) 나는 홍콩에 갈 계획이야.
Wǒ dǎsuan qù Xiānggǎng. 我打算去香港。

2) 그는 상하이에 갈 계획이에요. ______________________

3) 그는 HSK(중국어 능력 시험)에 참가할 계획입니다. ______________________

4) 우리는 토플 시험에 참가할 계획이에요. ______________________

5) 우리는 여기를 떠나려고 해. ______________________

6) 내 중국친구는 한국을 떠나려고 해. ______________________

7) 내 중국친구는 한국에 올 계획입니다. ______________________

8) 그들은 서울에 오려고 합니다. ______________________

9) 그들은 사흘을 머무를 계획이에요. ____________________

10) 나는 이틀을 머물려고 해요. ____________________

응용문형① 'A는 B에 (C를) D할 계획이다'를 표현하는 문형:

A주어 + 打算dǎsuan + B시간 + D동사 (+ C목적어)

1) 나는 내년에 홍콩에 갈 계획이야.
Wǒ dǎsuan míngnián qù Xiānggǎng. 我打算明年去香港。

2) 나는 내년 1월에 HSK(중국어 능력 시험)에 참가할 계획입니다.

____

3) 나는 졸업한 이후에 한국을 떠날 계획이야.

____

4) 나는 올 12월에 여기에 올 계획이에요.

____

5) 나는 이번 주 일요일에 상하이에 가서 여행할 계획이야.

____

응용문형② 'A는 B에서 (C를) D할 계획이다'를 표현하는 문형:

A주어 + 打算dǎsuan + 在zài + B장소 + D동사 (+ C목적어)

1) 나는 홍콩에서 사흘을 머물 계획이야.
   Wǒ dǎsuan zài Xiānggǎng zhù sāntiān. 我打算在香港住三天。

2) 나는 중국에서 HSK(중국어 능력 시험)에 참가할 계획입니다.

____

3) 그는 한국에서 한국어를 배울 계획이에요.

____

4) 나는 인터넷에서 비행기 표를 예약하려고 합니다.

____

5) 나는 편의점에서 아르바이트를 하려고 해요.

____

기본문형3 'A가 (B를) C할 때'를 표현하는 문형:

A주어 + C동사 (+ B목적어) + 的de + 时候shíhou

문형 노트

앞 과에서 '수업할 때'는 '上课时 shàngkè shí', '연휴일 때'는 '连休时 liánxiū shí'라고 표현했듯이, '~할 때'라는 의미를 표현할 때 앞에 어떤 문장을 말하고 마지막에 '时'를 붙이면 된다. 그런데 입말에서는 '时' 대신에 '时候'를 자주 쓴다. 다만, 어떤 문장 뒤에 '时候'를 쓸 때는 그 문장과 '时候' 사이에 조사 '的'를 붙여야 한다. '不'나 '没'가 쓰여 부정을 나타내는 문장이나 '想'이 쓰여 바람을 나타내는 문장들도 역시 마찬가지로 그 문장들 뒤에 '的'를 써야 '时候'를 수식하는 구조가 만들어진다.

1) 내가 체크아웃할 때
   Wǒ tuìfáng de shíhou 我退房的时候

2) 내가 커피 마실 때 ______

3) 내가 양꼬치 먹을 때 ______

4) 내가 방을 예약할 때 ______

5) 나는 노래 부를 때 ______

6) 내가 홍콩 갈 때 ______

7) 내가 HSK 참가할 때 ______

8) 나는 여기를 떠날 때 ______

9) 내가 서울에 올 때 ______________________________

10) 내가 남자친구가 있을 때 ______________________________

응용문형① 'A가 (B를) C하지 않을 때'를 표현하는 문형:

A주어 + 不bù + C동사 (+ B목적어) + 的de + 时候shíhou

1) 내가 커피 마시지 않을 때
Wǒ bù hē kāfēi de shíhou 我不喝咖啡的时候

2) 나는 수업하지 않을 때 ______________________________

3) 나는 아르바이트 하지 않을 때 ______________________________

4) 나는 쉬지 않을 때 ______________________________

5) 내가 한국에 있지 않을 때 ______________________________

응용문형② ‘A가 (B를) C하고 싶을 때’를 표현하는 문형:

A주어 + C동사 (+ B목적어) + 的de + 时候shíhou

1) 내가 커피 마시고 싶을 때
Wǒ xiǎng hē kāfēi de shíhou 我想喝咖啡的时候

2) 나는 쉬고 싶을 때 ________________

3) 나는 노래 부르고 싶을 때 ________________

4) 나는 여기를 떠나고 싶을 때 ________________

5) 나는 여행가고 싶을 때 ________________

회화 연습

1. 동주가 인터넷으로 예약한 유스호스텔에 도착해 체크인한다.

동주 : Nǐ hǎo ! Wǒ zài wǎng shang yùdìng le yí ge chuángwèi, qǐng chá yí xià.
你好！我在网上[1]预订了一个床位，请查一下。

服务员 : Hǎo de, qǐng shāo děng. Nín zhù liùrénjiān, zhù sān tiān, duì ma ?
好的，请稍等。您住六人间，住三天，对吗?

동주 : duì.
对。

服务员 : Hǎo de, qǐng chūshì hùzhào, wǒ fùyìn yí xià.
好的，请出示护照，我复印一下。

동주 : Gěi nín.
给您[2]。

服务员 : Fángfèi shì yì tiān yìbǎi yīshíbā yuán, sān tiān sānbǎi wǔshísì yuán,
房费是一天一百一十八[3]元，三天三百五十四元,

yājīn liǎngbǎi, yígòng wǔbǎi wǔshísì yuán.
押金[4]两百，一共五百五十四元。

동주 : Bāohán zǎocān ma ?
包含早餐吗?

服务员 : Shì de, bāohán zǎocān. Nín de fángjiān zài sān lóu, shì sān yāo yāo hào.
是的，包含早餐。您的房间在三楼，是311号。

Zhè shì fáng kǎ, qǐng ná hǎo.
这是房卡，请拿好⑤。

2. 동주가 종업원에게 방을 바꿀 수 있는지 문의한다.

동주 : Nǐ hǎo, wǒ dǎsuan zài zhù liǎng tiān, méi wèntí ba ?
你好，我打算再住两天，没问题⑥吧?

服务员 : Méi wèntí. Nín yào zhù yuánlái de fángjiān ma ?
没问题。您要住原来的房间吗?

동주 : Bù, wǒ xiǎng huàn fángjiān, liùrénjiān hǎo shì hǎo,
不，我想换房间，六人间好是好，

jiùshì gōnggòng yùshì yǒudiǎnr bù fāngbiàn.
就是公共浴室有点儿不方便。

Yǒu méiyǒu dānrénjiān ? Dài wèishēngjiān de.
有没有单人间⑦？带卫生间⑧的。

服务员 : Yǒu, kěshì bǐ liùrénjiān guì yìdiǎnr.
有，可是比六人间贵一点儿。

동주 : Duōshao qián ne ?
多 少 钱 呢?

服务员 : Yì tiān liǎngbǎi yī.
一 天 两 百 一。

동주 : Méi wèntí. Zhè liǎng tiān de fángfèi tuìfáng de shíhou fù yě kěyǐ ma ?
没 问 题。这 两 天 的 房 费 退 房 的 时 候 付 也 可 以 吗 ?

服务员 : Kěyǐ.
可 以。

회화 노트

❶ 我在网上预订了一个床位

'网'은 '인터넷 互联网 hùliánwǎng' 혹은 '네트워크 网络 wǎngluò'를 가리킨다. '인터넷 쇼핑'을 '网上购物 wǎngshàng gòuwù', '인터넷 서점'을 '网上书店 wǎngshàng shūdiàn'이라고 한다. '인터넷을 하다'라고 말할 때는 '上网 shàng wǎng'이라고 하면 된다.

❷ 给您

'给'는 '~에게 ~을 주다'라는 뜻인데, 상대방에게 뭔가를 건네면서 '여기 있습니다'의 뜻으로 '给' 혹은 '给你'라고 말한다.

❸ 房费是一天一百一十八元

숫자 '10'부터 '19'까지의 '십'은 그냥 '十'라고만 하면 되지만, 세 자리 이상의 숫자에 있는 십 자리 숫자를 말할 때는 '十' 앞에 '一'를 붙인다. 이때 '一'는 통상 1성으로 발음한다. 예) 310 → 三百一十 sānbǎi yīshí, 415 → 四百一十五 sìbǎi yīshíwǔ

❹ 押金两百

'押金'은 '보증금', '담보금'의 뜻으로, 호텔이나 게스트하우스 등의 숙박 시설에서 숙박료 외에 열쇠 분실이나 기물 파손 등을 대비해 미리 받아두었다가 나중에 체크아웃할 때 돌려주는 돈을 가리킨다.

❺ 请拿好

동사 뒤에 쓰이는 '好'는 '앞 동작을 잘 마무리하다', '잘 끝내다'의 뜻을 나타낸다. 예) 잘 먹었다 → 吃好了 chī hǎo le, 똑바로 앉다 → 坐好

⑥ **没问题**⑥吧?

‘没问题’는 ‘문제될 것이 없다’, ‘괜찮다’의 뜻으로 쓰인다.

⑦ 有没有**单人间**?

일반 호텔의 객실은 여러 종류가 있는데, ‘스탠다드 룸’은 ‘标准间 biāozhǔnjiān’, ‘디럭스 룸’은 ‘豪华房 háohuáfáng’, ‘스위트 룸’은 ‘豪华套房 háohuátàofáng’이라고 한다. 일부 호텔에는 3-4시간 이내로 잠시 쉬었다가 갈 수 있는 ‘钟点房 zhōngdiǎnfáng’도 있다.

⑧ 带**卫生间**的

‘卫生间’은 ‘화장실’을 의미하는데, 비슷한 뜻으로 ‘洗手间 xǐshǒujiān’도 많이 쓰인다. 비교적 격식없이 편하게 말할 때는 ‘厕所 cèsuǒ’가 주로 쓰인다.

실전 연습

1. 녹음에서 들려주는 문장의 한어병음을 적으세요.

1) ________________________________

2) ________________________________

3) ________________________________

2. 녹음을 듣고 아래 질문에 대답하세요.

1) 女的住几天？

2) 房间号码是多少？

3. 주어진 문장을 최대한 자연스러운 말투로 읽으세요.

1) Nín zhù liùrénjiān, zhù sān tiān, duì ma ?

2) Qǐng chūshì hùzhào, wǒ fùyìn yí xià.

3) Yǒu méiyǒu dānrénjiān ? Dài wèishēngjiān de.

4. 자신의 상황에 맞게 주어진 질문에 대답하세요.

1) 你喜欢去旅行吗？

2) 你在网上预订房间方便吗？

3) 你住过青年旅舍吗？

5. 주어진 중국어 단어의 한어병음과 뜻을 적으세요.

1) 美式咖啡 __________ __________

2) 练歌房 __________ __________

3) 参加 __________ __________

4) 首尔 __________ __________

5) 旅游 __________ __________

6) 床位 __________ __________

6. 주어진 단어를 어순에 맞게 배열하세요.

1) 妹妹 / 我 / 吃 / 两 / 羊肉 / 了 / 份 / 。

2) 了 / 在 / 首 / 练歌房 / 我们 / 唱 / 五 / 歌 / 。

3) 我 / 打工 / 在 / 便利店 / 打算 / 。

7. 주어진 한어병음을 한자로 바꿔 쓰세요.

1) Wǒ dìdi hē le sān bēi měishì kāfēi.

2) Wǒ dǎsuan bìyè yǐhòu líkāi Hánguó.

3) Wǒ xiǎng qù lǚyóu de shíhou

8. 주어진 우리말을 중국어(한자)로 옮기세요.

1) 걔들은 맥주 네 병을 샀어.

2) 그는 HSK(중국어 능력 시험)에 참가할 계획입니다.

3) 나는 인터넷에서 비행기 표를 예약하려고 합니다.

중국 문화 산책

중국의 명절, 춘지에(春节 Chūnjié)

우리의 '설'과 마찬가지로 중국에서도 매년 음력 정월 초하루가 새해의 시작이며, 이를 '춘지에(春节)'라고 한다. 중국인이 가장 중요하게 여기는 전통 명절이며 춘지에를 쇠는 다양한 풍속이 있다.

춘지에 전날인 除夕(chúxī)에는 온 가족이 모여서 제석의 종이 울리면 만두를 먹는다. 만두 안에 동전을 넣어 빚고 그 동전이 든 만두를 먹는 사람은 운수 대통한다고 여긴다.

춘지에 때 폭죽을 터뜨리는 것은 아이들이 가장 좋아하는 놀이로 폭죽을 터뜨리면 사악한 기운을 물리칠 수 있다고 믿는다. 그래서 매년 새해를 맞이하는 12시가 되면 도처에서 연이어 터지는 폭죽소리를 들을 수 있다. 하지만 최근에는 폭죽놀이의 부상 위험과 대기오염 등의 문제로 인하여 대도시 등지에서는 폭죽 터뜨리는 것을 법으로 금지하고 있다.

제11과

나는 리포트를 쓰고 있었어.

주요 학습 내용

- '~하고 있는 중이다'를 표현하는 문형
- '~가 (~을) 잘못 ~하다'를 표현하는 문형
- 전화 걸기

단어

~하는 중이다	(zhěng)zài	(正)在
연습하다	liànxí	练习
컵	bēizi	杯子
씻다	xǐ	洗
샤워하다	xǐzǎo	洗澡
틀리다, 맞지 않다	cuò	错
읽다	dú	读
기억하다	jì	记
입다, 신다	chuān	穿
올라오다, 올라가다	shàng	上
내려오다, 내려가다	xià	下
들어오다, 들어가다	jìn	进
나오다, 나가다	chū	出
돌아오다, 돌아가다	huí	回
건너오다, 건너가다	guò	过
여보세요	wèi	喂
[놀람이나 의아함을 나타내는 감탄사]	yí	咦
[이해나 납득을 나타내는 감탄사]	ò	噢
[동작이 진행 중이라는 느낌을 나타내는 조사	ne	呢
야경	yèjǐng	夜景

재미나다, 놀기 좋다	hǎowánr	好玩儿
아주	fēicháng	非常
곳, 장소	dìfang	地方
기회	jīhuì	机会
리포트	bàogào	报告
기억력	jìxing	记性
선물	lǐwù	礼物
[모자, 천막 등에 쓰이는 양사]	dǐng	顶
모자	màozi	帽子
만나다	jiànmiàn	见面
곧, 즉시	mǎshàng	马上
바로, 즉시	jiù	就

문형 연습

기본문형1 'A는 (B를) C하고 있는 중이다'를 표현하는 문형:

A주어 + 在zài + C동사 (+ B목적어)

문형 노트

'나는 점심을 먹고 있는 중입니다'처럼 어떤 동작이 진행되고 있는 중임을 나타낼 때, 즉 '~는 ~하고 있는 중이다'라는 의미를 표현할 때, 동사 앞에 부사 '在'를 붙이면 된다. '在' 외에 '正在 zhèngzài'나 '正 zhèng'을 써도 된다.

1) 나는 점심을 먹고 있는 중입니다.
Wǒ zài chī wǔfàn. 我在吃午饭。

2) 할아버지께서 중국 훠궈를 드시고 계세요. ______________________

3) 할아버지께서 술을 드시고 계십니다. ______________________

4) 할머니께서 차를 드시고 계세요. ______________________

5) 할머니께서 TV를 보고 계십니다. ______________________

6) 걔들은 영화를 보고 있습니다. ______________________

7) 걔들은 중국어를 연습하고 있어요. ______________________

8) 우리는 영어를 연습하고 있어요. ______________________________

9) 우리는 컵을 씻고 있어요. ______________________________

10) 나는 샤워하고 있어요. ______________________________

응용문형① 'A는 (B를) C하고 있는 중이다'를 표현하는 문형:

A주어 + 正在zhèngzài + C동사 (+ B목적어)

1) 나는 점심을 먹고 있는 중입니다.
Wǒ zhèngzài chī wǔfàn. 我正在吃午饭。

2) 할아버지께서 술을 드시고 계십니다. ______________________________

3) 걔들은 영화를 보고 있습니다. ______________________________

4) 우리는 영어를 연습하고 있어요. ______________________________

5) 나는 샤워하고 있어요. ______________________________

기본문형2 'A가 잘못 B하였다'를 표현하는 문형:

A주어 + B동사 + 错cuò + 了le

문형 노트

'내가 (전화를) 잘못 걸었습니다', '내가 잘못 말했어요'처럼 어떤 동작이 발생하고서 그 결과가 잘못되었음을 나타낼 때, 즉 '~가 잘못 ~하였다'라는 의미를 표현할 때, '틀리다'라는 뜻의 '错'를 동작을 나타내는 말 뒤에 두고, 그 뒤에 완료를 나타내는 조사 '了'를 쓰면 된다. '잘못 걸지 마라'처럼 어떤 동작을 해서 그 결과가 잘못되게 하지 마라라고 할 때는 '~하지 말라'라는 뜻의 '别 bié'를 먼저 말하고, 그 뒤에 동작과 '错'를 말하면 된다. '잘못 걸지 않았습니다'처럼 어떤 동작을 했는데 그 결과가 잘못된 것이 아님을 나타낼 때는 동사 앞에 '没(有)'를 붙인다.

1) 내가 잘못 걸었습니다.
   Wǒ dǎ cuò le. 我打错了。

2) 걔가 잘못 말했어요. ______________________

3) 네가 잘못 봤어. ______________________

4) 내가 잘못 들었어. ______________________

5) 걔는 잘못 썼어요. ______________________

6) 네가 잘못 읽었어. ______________________

7) 내가 잘못 먹었어. ______________________

8) 네가 잘못 기억했어. ______________________

9) 내가 잘못 탔어. ____________________

10) 내가 잘못 입었어. ____________________

응용문형① '너 잘못 A하지 마라'를 표현하는 문형:

你nǐ + 别bié + A동사 + 错cuò

1) 너 잘못 걸지 마라.
Nǐ bié dǎ cuò. 你别打错。

2) 너 잘못 말하지 마라. ____________________

3) 너 잘못 들으면 안 된다. ____________________

4) 당신 잘못 읽지 마세요. ____________________

5) 당신 잘못 타지 마세요. ____________________

응용문형② 'A는 잘못 B하지 않았다'를 표현하는 문형:

A주어 + 没(有)méi(yǒu) + B동사 + 错cuò

1) 나는 잘못 걸지 않았어요.
Wǒ méi dǎ cuò. 我没打错。

2) 걔는 잘못 말하지 않았어요. ______________________

3) 내가 잘못 보지 않았어. ______________________

4) 우리는 잘못 기억하지 않았어. ______________________

5) 그들은 잘못 신지 않았어요. ______________________

기본문형3 'A는 B왔다 / A는 B갔다'를 표현하는 문형:

A주어 + B동사 + 来lai + 了 /
A주어 + B동사 + 去qu + 了

문형 노트

'걔가 올라옵니다'는 걔가 '오르는' 동작을 하는데, 그 이동 방향이 내가 있는 곳으로 이동함을 나타내고, '걔는 올라갑니다'는 걔가 '오르는' 동작을 하는데, 그 이동 방향이 나에게서 먼 곳으로 이동함을 나타낸다. 이처럼 어떤 동작을 하고 그 이동 방향이 나에게로 가까워지거나 멀어짐을 나타낼 때, 즉 '~오다', '~가다'를 표현할 때 동사 뒤에 '来'나 '去'를 붙이면 된다. '걔가 올라왔습니다', '걔가 올라갔습니다'처럼 완료된 동작이면 '来'나 '去' 뒤에 조사 '了'를 붙이면 되고, '너 빨리 올라와라', '너 빨리 올라가라'처럼 표현할 때는 '快'를 동사 앞에 쓰면 된다. 동사 바로 뒤에 쓰이는 '来'와 '去' 일반적으로 경성으로 발음한다.

1) 걔가 올라왔습니다.
Tā shànglai le. 他上来了。

2) 걔들은 올라갔습니다. ____________________

3) 걔들은 내려 왔습니다. ____________________

4) 나는 내려 갔어요. ____________________

5) 나는 들어 왔습니다. ____________________

6) 선생님이 들어가셨어요. ____________________

7) 선생님이 나오셨어요. ____________________

8) 우리는 나갔어요. ____________________

9) 우리는 돌아왔어요. ____________________

10) 걔는 돌아갔어요. ____________________

응용문형① '너 빨리 A와라 / 너 빨리 A가라'를 표현하는 문형:

你nǐ + 快kuài + A동사 + 来lai /
你nǐ + 快kuài + A동사 + 去qu

1) 너 빨리 올라와
Nǐ kuài shànglai. 你快上来。

2) 너 빨리 내려가. ____________________

3) 너 빨리 건너가. ____________________

4) 너 빨리 건너와. ____________________

5) 너 빨리 나와. ____________________

회화 연습

1. 동주가 李娜에게 휴대폰으로 전화한다.

陌生人： Wèi !
喂!

동주： Wèi, Lǐ nà, shì wǒ.
喂❶，李 娜，是 我。

陌生人： Nǐ dǎ cuò le.
你 打 错 了。

동주： Yí ? Zhè bú shì Lǐ nà de shǒujī ma ?
咦？这 不 是 李 娜 的 手 机 吗?

陌生人： Bú shì.
不 是。

동주： ò, duì bu qǐ.
噢，对 不 起。

(동주가 다시 전화한다)
李娜： Dōngzhù, nǐ xiànzài zài nǎr a ? Zài Shànghǎi ma ?
东 炷，你 现 在 在 哪 儿 啊？在 上 海 吗？

동주 : Shì, zài Shànghǎi.
是[2], 在 上 海。

李娜 : Nǐ zài zuò shénme ne ?
你 在 做 什 么 呢[3]?

동주 : Zài kàn Shànghǎi de yèjǐng.
在 看 上 海 的 夜 景。

李娜 : Nǐ dǎsuan shénme shíhou huílai ?
你 打 算 什 么 时 候 回 来?

동주 : Wǒ dǎsuan hòutiān huíqu.
我 打 算 后 天 回 去。

2. 상해에서 돌아온 동주가 李娜에게 전화한다.

동주 : Lǐ nà, shì wǒ.
李 娜 , 是 我。

李娜 : Nǐ huílai le ! Shànghǎi zěnme yàng ? Hǎowánr ma ?
你 回 来 了 ! 上 海 怎 么 样 ? 好 玩 儿 吗 ?

동주 : Fēicháng hǎowánr. Kěshì zhè cì shíjiān bù duō,
非 常 好 玩。可 是 这 次 时 间 不 多 ,

hěn duō dìfang[4] dōu méi qù,
很 多 地 方 都 没 去 ,

xià cì yǒu jīhuì, wǒ xiǎng zài qù yí cì.
下次有机会，我想再去一次[5]。

Nǐ zài zuò shénme ne ?
你在做什么呢?

李娜 : Wǒ xiě bàogào ne.
我写报告呢[3]。

동주 : Jīntiān shì nǐ de shēngrì, wǒ méi jì cuò ba ?
今天是你的生日，我没记错吧?

李娜 : Méi cuòr, nǐ jìxing zhēn hǎo !
没错儿[6]，你记性真好！

동주 : Wǒ zài Shànghǎi gěi nǐ mǎi le shēngrì lǐwù,
我在上海给你买了生日礼物，

mǎi le yì dǐng màozi hé yì tiáo qúnzi.
买了一顶帽子和一条裙子。

Zánmen shénme shíhou néng jiànmiàn ?
咱们什么时候能见面？

李娜 : Xiànzài zěnme yàng ?
现在怎么样？

동주 : Hǎo ā !
好 啊!

李娜 : Nǐ zài túshūguǎn pángbiān de kāfēitīng děng wǒ,
你 在 图 书 馆 旁 边 的 咖 啡 厅 等 我 ,

wǒ mǎshàng jiù guòqu.
我 马 上 就 过 去。

회화 노트

❶ **喂**, 李娜, 是我

'喂'는 '여보세요', '어이', '저기요' 등에 해당하는 말인데, 근처에 있는 누군가를 부르거나 전화할 때 주로 쓰인다. 전화할 때는 '喂'를 2성으로 발음하기도 한다.

❷ **是**, 在上海

'是'는 '~이다'라는 의미 외에도, 상대방의 질문이나 명령에 응답할 때 쓰여, '네', '그렇습니다', '맞습니다' 등의 의미를 나타내기도 한다.

❸ 你在做什么**呢**? / 写报告**呢**。

조사 '呢'는 문장의 끝에 쓰여 동작이 진행 중이라는 느낌을 나타낸다. 동사 앞에서 동작의 진행을 나타내는 '在'나 '正在'와 같이 쓰이기도 한다. 예) 나는 밥 먹고 있어요. → 我在吃饭呢。Wǒ zài chī fàn ne.

❹ hěn duō **dìfang** dōu méi qù

'地方'은 '方'이 어떻게 발음 나느냐에 따라 그 의미가 달라지는데, '方'이 경성으로 발음나면 '곳', '장소' 등의 의미가 되고, '方'이 1성으로 발음나면 '지방'이라는 의미가 된다. 이처럼 발음에 따라 의미가 달라지는 단어들은 발음에 특히 더 조심해야 한다.

❺ 我想再**去一次**

우리말에서는 '한 번 가다', '두 번 보다'처럼 동작의 횟수를 나타내는 말이 동사 앞에 위치하지만, 중국어에서는 동작의 횟수를 나타내는 말이 동사의 뒤에 위치한다. 예) 두 번 보다 → 看两次 kàn liǎng cì, 세 번 먹다 → 吃三次 chī sān cì

❻ 没错儿

'没错儿'의 '错'는 '틀리다', '맞지 않다'라는 뜻인데, 그래서 '没错儿'이라고 하면 '틀린 점이 없다', '맞다'의 의미를 표현하게 된다. 입말에서 자주 쓰이는 '不错'의 '错'는 '나쁘다'의 뜻이기에 '不错'는 '나쁘지 않다', '괜찮다'라는 의미가 된다.

실전 연습

1. 녹음에서 들려주는 문장의 한어병음을 적으세요.

1) ______________________________

2) ______________________________

3) ______________________________

2. 녹음을 듣고 아래 질문에 대답하세요.

1) 男的在哪儿？

2) 男的在做什么呢？

3. 주어진 문장을 최대한 자연스러운 말투로 읽으세요.

1) Yí ? Zhè bú shì Lǐ nà de shǒujī ma ?

2) Nǐ huílai le !

3) Méi cuòr, nǐ jìxing zhēn hǎo !

4. 자신의 상황에 맞게 주어진 질문에 대답하세요.

1) 这星期天你打算做什么？

2) 你去过中国吗？ 去过哪些地方？

3) 给爸爸买生日礼物，买什么好呢？

5. 주어진 중국어 단어의 한어병음과 뜻을 적으세요.

1) 练习 __________ __________

2) 洗澡 __________ __________

3) 夜景 __________ __________

4) 非常 __________ __________

5) 帽子 __________ __________

6) 马上 __________ __________

6. 주어진 단어를 어순에 맞게 배열하세요.

1) 酒 / 爷爷 / 喝 / 正 / 在 / 。

2) 看 / 我 / 错 / 没 / 。

3) 快 / 你 / 来 / 过 / 。

7. 주어진 한어병음을 한자로 바꿔 쓰세요.

1) Wǒmen zài xǐ bēizi.

2) Tā xiě cuò le.

3) Zánmen shénme shíhou néng jiànmiàn?

8. 주어진 우리말을 중국어(한자)로 옮기세요.

1) 나는 점심을 먹고 있는 중입니다.

2) 너 잘못 들으면 안 된다.

3) 오늘 너 생일이야, 내가 잘못 기억한 거 아니지?

부록 : 본문 해석

문형과
회화로
만나는
중국어 2

본문 해석

1과 오늘은 몇 월 며칠이죠?

1. 동주와 李娜가 서로의 생일이 언제인지 이야기 나눈다.

동주: 오늘 몇 월 며칠이지?

李娜: 오늘 9월 1일이야.

동주: 그럼 내일이 네 생일 아니야?

李娜: 아니, 내 생일은 10월 2일이야.

동주: 그래? 난 네 생일이 9월 2일인 줄 알았어.

李娜: 네 생일은 12월 10일이지?

동주: 맞아.

2. 동주와 李娜에게 시험 날짜가 언제인지 묻는다.

동주: 리나, 우리 언제 시험 봐?

李娜: 너도 참, 언제 시험 보는 줄도 몰라?

동주: 어서 말해봐.

李娜: 우리 목요일 오전 10시에 시험 봐.

동주: 오늘이 무슨 요일이지?

李娜: 수요일.

동주: 응? 내일이 바로 시험이야? 망했네!

2과 나에게 문자 보내.

1. 현경이가 선생님께 질문이 있을 때 전화해도 되냐고 묻는다.

현경: 선생님, 휴대폰 있으신가요?

老师: 있지.

현경: 번호가 어떻게 되나요?

老师: 18576323004

현경: 만약에 제가 질문이 있으면, 선생님께 전화해도 되나요?

老师: 되지. 근데 내가 수업할 때는 전화를 안 받아. 만약에 내가 전화 안 받으면, 그럼 나한테 문자 보내렴.

현경: 알겠습니다. 고맙습니다.

老师: 무슨.

2. 선생님이 동주에게 어디 사냐고 묻는다.

老师: 너 어디 사니?

동주: 저는 학생 기숙사에서 삽니다.

老师: 네 방은 몇 호니?

동주: 제 방은 415호입니다.

老师: 룸메이트 있니?

동주: 있어요.

老师: 걔도 한국인이니?

동주: 아니요, 걔는 베트남사람이에요.

3과 수박 한 근에 얼마죠?

1. 동주가 시장에서 과일을 산다.

동주: 안녕하세요, 수박 다나요?
老板: 아주 달아요, 맛 좀 보세요.
동주: 맛있네요! 한 근에 얼마죠?
老板: 1.8위엔이에요.
동주: 그리고, 여기 여지가 있나요?
老板: 당연히 있죠. 여지는 한 근에 20위엔이에요.
동주: 와, 너무 비싸네요. 수박 5근 주세요. 얼마죠?
老板: 9위엔입니다.

2. 동주와 李娜가 시장에서 산 과일에 대해 이야기 나눈다.

李娜: 너 시장엣 뭐 샀어?
동주: 수박 샀어.
李娜: 여지는?
동주: 안 샀어, 여지는 너무 비싸더라고.
李娜: 그래? 내가 어제 산 여지는 안 비싸던데.
동주: 네가 산 건 한 근에 얼마야?
李娜: 15위엔.
동주: 와, 싸네. 맛은 어때? 달아?
李娜: 그런대로 괜찮아.

4과 너무 비싸요, 좀 싸게 해주세요.

1. 동주가 휴대폰을 사려고 한다.

售货员: 안녕하세요, 뭐 사시게요?
동주: 휴대폰 살려고요.
售货员: 얼마짜리를 사실건가요?
동주: 1000위엔 정도하는 걸 사려고요.
售货员: 손님 이걸 좀 봐 보세요, 성능도 좋고, 디자인도 예뻐요.
동주: 이건 샤오미 거죠?
售货员: 아니요, 이건 삼성 거에요.
동주: 얼마죠?
售货员: 1200위엔요.

2. 현경이가 옷을 사려고 한다.

현경: 이 치마 아주 예쁘네요. 입어봐도 됩니까?
售货员: 당연히 되죠. 탈의실은 저깁니다.
현경: 그런대로 괜찮네요. 얼마죠?
售货员: 280위엔입니다.
현경: 세상에, 너무 비싸네요. 좀 싸게 해주세요.
售货员: 그럼 260위엔 주세요. 。
현경: 200위엔 될까요?
售货员: 안됩니다.
현경: 좋습니다. 돈 여기 있습니다.
售货员: 300위엔 주셨구요. 40위엔 거슬러 드리겠습니다.

5과 영어 할 줄 아나요?

1. 동주가 반 친구 저스틴과 이야기 나눈 후에 돌아서 가다가 李娜를 만난다.

李娜: 걔는 어느 나라 사람이야?
동주: 미국인이야.
李娜: 너 영어 할 줄 알아?
동주: 못해. 영어는 어려워.
李娜: 어렵긴 어려운데 아주 재미있어. 나는 영어 공부하는 것 좋아해.
동주: 너 미국인과 대화할 수 있어?
李娜: 미국인과 대화할 수 있지.
동주: 너 정말 대단하다.

2. 동주가 李娜에게 취미를 묻는다.

동주: 너 무슨 취미가 있어?
李娜: 나는 음악 듣는 것 아주 좋아요.
동주: 무슨 음악 듣는 것 좋아하는데?
李娜: 대중가요 듣는 것 좋아해.
동주: 케이팝도 좋아해?
李娜: 좋아해, 어떤 노래는 아주 좋아.
동주: 어떤 곡을 제일 좋아해?
李娜: 방탄소년단의《DNA》.
동주: 부를 줄 알아?
李娜: 듣는 것만 좋아해, 부를 줄 몰라.

6과 한국음식 좋아해 아니면 중국음식 좋아해?

1. 동주와 李娜가 점심으로 뭘 먹을지 이야기 나눈다.

동주: 리나, 지금 몇 시야?
李娜: 한 시 반이야.
동주: 나 배고파. 넌 배 안고파?
李娜: 나도 좀 배고파.
동주: 우리 점심 먹자.
李娜: 어디서 먹지? 학교 식당에서 먹을까 아니면 바깥의 식당에서 먹을까?
동주: 곧 수업해, 시간이 없으니까, 그냥 구내식당에서 먹자.
李娜: 그래, 어서 가자.

2. 동주와 李娜가 좋아하는 음식에 대해 이야기 나눈다.

李娜: 너 한국요리 좋아해 아님 중국요리 좋아해?
동주: 비록 난 한국인이지만, 중국음식 먹는 걸 더 좋아해.
李娜: 하하, 나랑 반대네. 나는 한국음식을 더 좋아해.
동주: 너는 어떤 한국 요리를 제일 좋아해?
李娜: 나는 한국 불고기를 제일 좋아해.
동주: 그럼 다음번에 우리 불고기 먹자.

내가 낼게.

李娜: 정말? 너무 좋지.

7과 너 훠궈 먹어 봤어?

1. 李娜가 동주에게 중국 쓰촨에 가본 적이 있는지 묻는다.

李娜: 동주야, 너 쓰촨에 가봤어?

동주: 아직 안 가봤어. 근데 쓰촨음식이 아주 맛있다고 들었어.

李娜: 그럼 우리 이번 주 일요일 점심 때 쓰촨요리 먹으러 가자. 내가 제대로 된 사천요리 사줄게.

동주: 정말? 너무 좋지. 근데 어디 가서 먹어? 쓰촨에 가는 거야?

李娜: 무슨 소릴 하는 거야. 내가 쓰촨 요리 식당을 하나 아는데, 그 식당 음식이 엄청 맛있어.

동주: 쓰촨 요리는 좀 매운데, 너 매운 것 먹을 수 있어?

李娜: 먹을 수 있어, 나는 매운 것 좋아해.

2. 동주와 李娜가 식당에 들어선다.

服务员: 어서 오세요! 몇 분이세요?

동주: 두 사람이요.

服务员: 이쪽으로 앉으세요. 이건 메뉴판입니다. 주문하세요.

동주: 좀 볼게요. 리나, 너 쓰촨 훠궈 먹어봤니?

李娜: 응, 좀 맵긴 하지만 아주 맛있어.

동주: 그럼 우리 훠궈 먹는 것 어때?

李娜: 좋아. 저기요, 원앙탕으로 주시구요, 그리고, 양고기 1인분, 소고기 1인분 주세요. 모듬채소도 하나 주세요.

服务员: 알겠습니다. 음료수 드시겠어요?

동주: 칭다오 맥주 한 병 주세요.

8과 홍콩보다 상하이가 가까워.

1. 동주가 李娜에게 어디를 여행가면 좋을지 묻는다.

동주: 다음 달 건국기념일 연휴 때, 기차타고 여행가고 싶어. 네 생각엔 상하이 가는 게 좋을까 아님 홍통 가는 게 좋을까?

李娜: 내 생각엔 상하는 가는 게 홍콩 가는 것 보다 좀 더 좋아.

동주: 왜?

李娜: 상하이는 홍콩보다 가깝기 때문이지. 홍콩은 너무 멀어. 만약 기차를 타고 홍콩을 가면 너무 오래 걸려. 게다가 상하이 가는 기차도 비교적 많아서, 홍콩 가는 것 보다 더 편리해.

동주: 그래, 네 말대로 해야겠어.

2. 李娜가 동주에게 동주의 룸메이트에 대해 묻는다.

李娜: 너 룸메이트 있지? 네 룸메이트가 너보다 나이 많아?

동주: 응, 걔가 나보다 두 살 많아.

李娜: 키는? 너보다 커?

동주: 나랑 똑같은 것 같은데.

李娜: 걔 여자 친구 있어 없어?

동주: 너 어째서 이런 것들을 묻는 거야? 너 걔한테 관심 있어?

李娜: 내가 아니고, 내 친구가 걔한테 관심 있어.

동주: 너 걔한테 말해줘, 내 룸메이트는 이미 여자 친구가 있어.

李娜: 정말 아깝다.

9과 여기서 얼마나 멀어요?

1. 상해에 여행을 온 동주가 예약한 유스호스텔을 찾기 위해 길을 묻는다.

동주: 말씀 좀 묻겠습니다, 허핑 유스호스텔 가려는데, 어떻게 가죠?

行人: 죄송합니다, 저도 모릅니다. 다른 사람한테 물어 보세요.

동주: (다른 사람에게)실례합니다, 말씀 좀 묻겠습니다. 허핑 유스호스텔이 어디 있는지 아시나요?

行人: 바로 상하이 영화관 옆쪽에 있습니다.

동주: 그럼 상하이 영화관은 어떻게 가죠?

行人: 곧장 앞으로 가세요, 사거리에 도착해서 오른쪽으로 돌아 다시 곧장 앞으로 가면 됩니다.

동주: 여기서 멀어요?

行人: 백 미터 정도 됩니다.

동주: 감사합니다.

2. 동주가 게스트하우스 들어가기 전에 돈을 인출하기 현금인출기를 찾는다.

동주: 말씀 좀 묻겠습니다, 부근에 현금인출기가 있나요?

行人: 있습니다. 바로 길 맞은편에 있어요.

동주: 여기서 머나요?

行人: 안 멀어요, 5분만 걸으면 도착해요.

동주: 죄송한데, 다시 좀 여쭤볼게요, 제가 유심칩을 사려고 하는데, 이 부근에 유심칩 파는 데가 있나요?

行人: 이 부근에는 아마 없을걸요.

동주: 알겠습니다. 고맙습니다.

行人: 아닙니다.

10과 조식 포함인가요?

1. 동주가 인터넷으로 예약한 유스호스텔에 도착해 체크인한다.

동주: 안녕하세요! 제가 인터넷으로 침대

칸을 하나 예약했는데, 좀 찾아봐주세요.

服务员: 알겠습니다, 잠시 만요. 손님께서 6인실에 사흘 동안 머무시는 것 맞습니까?

동주: 맞습니다.

服务员: 알겠습니다. 여권을 제시해 주세요, 복사 좀 하겠습니다.

동주: 여기 있습니다.

服务员: 방비는 하루에 118위엔입니다. 사흘이면 354위엔이고, 담보금 200위엔까지 해서 모두 554위엔입니다.

동주: 조식 포함인가요?

服务员: 네, 조식 포함입니다. 손님 방은 3층이구요, 311호입니다. 이건 방카드입니다, 잘 챙기시기 바랍니다.

2. 동주가 종업원에게 방을 바꿀 수 있는지 문의한다.

동주: 안녕하세요, 제가 이틀 더 머물려고 하는데, 괜찮나요?

服务员: 괜찮습니다. 원래 머물던 방에 머무실 건가요?

동주: 아니요, 방을 바꾸고 싶습니다. 6인실이 좋기 좋은데, 다만 공동 욕실을 쓰는 게 좀 불편해요. 1인실이 있나요? 화장실 있는 방요.

服务员: 있습니다. 근데 6인실보다 좀 비쌉니다.

동주: 얼마죠?

服务员: 하루에 210위엔입니다.

동주: 괜찮습니다. 이 이틀 방비는 체크아웃할 때 내도 되나요?

服务员: 됩니다.

11과 나는 리포터를 쓰고 있었어.

1. 동주가 李娜에게 휴대폰으로 전화한다.

陌生人: 여보세요!

동주: 여보세요, 리나, 나야.

陌生人: 전화 잘못 거셨습니다.

동주: 어? 리나 전화기 아닌가요?

陌生人: 아니에요.

동주: 아, 죄송합니다.

(다시 전화한다)

李娜: 동주, 너 지금 어디야? 상하이야?

동주: 응, 상하이야.

李娜: 너 뭐 하고 있어?

동주: 상해 야경 보고 있어.

李娜: 너 언제 돌아올 계획이야?

동주: 모레 돌아가려고 해.

2. 상해에서 돌아온 동주가 李娜에게 전화한다.

동주: 리나, 나야.

李娜: 너 돌아왔구나. 상하이 어땠어? 재

미났어?

동주: 아주 재미났어. 근데 이번에는 시간이 많지 않아서, 안 가본 곳이 많아. 다음에 기회 있으면 나는 다시 한 번 가고 싶어. 너 뭐하고 있었어?

李娜: 리포트 쓰고 있었어.

동주: 오늘 네 생일인데, 내가 잘못 기억한 것 아니지?

李娜: 맞아, 너 기억력 정말 좋구나.

동주: 내가 상하이에서 너한테 생일선물을 샀어, 모자 하나하고, 치마 하나 샀어. 우리 언제 만날 수 있지?

李娜: 지금 어때?

동주: 좋아.

李娜: 너 도서관 옆쪽의 커피숍에서 날 기다려, 내가 곧 바로 갈게.

부록 : 정답 및 녹음 대본

문형과
회화로
만나는
중국어 2

정답 및 녹음 대본

제1과 오늘은 몇 월 며칠이죠?

• 문형 연습

◉ 문형기초

월 yuè 月

3) sān yuè 三月
4) sì yuè 四月
5) wǔ yuè 五月
6) liù yuè 六月
7) qī yuè 七月
8) bā yuè 八月
9) jiǔ yuè 九月
10) shí yuè 十月
11) shíyī yuè 十一月
12) shí'èr yuè 十二月

일 hào 号

3) jiǔ hào 九号
4) shíyī hào 十一号
5) shíwǔ hào 十五号
6) shíbā hào 十八号
7) èrshí hào 二十号
8) èrshísān hào 二十三号
9) èrshíliù hào 二十六号
10) sānshíyī hào 三十一号

◉ 기본문형1

2) Jīntiān èr yuè shíwǔ hào. 今天二月十五号。
3) Míngtiān èr yuè shíwǔ hào. 明天二月十五号。
4) Míngtiān sì yuè shíbā hào. 明天四月十八号。
5) Hòutiān sì yuè shíbā hào. 后天四月十八号。
6) Hòutiān jiǔ yuè èrshíliù hào. 后天九月二十六号。
7) Zuótiān jiǔ yuè èrshíliù hào. 昨天九月二十六号。

8) Zuótiān shí yuè sānshí hào. 昨天十月三十号。

9) Jīntiān shí yuè sānshí hào. 今天十月三十号。

10) Míngtiān shí'èr yuè èrshísì hào. 明天十二月二十四号。

[응용문형①]

2) Míngtiān bú shì sì yuè yī hào. 明天不是四月一号。

3) Hòutiān bú shì wǔ yuè shíliù hào. 后天不是五月十六号。

4) Zuótiān bú shì shí yuè èrshíwǔ hào. 昨天不是十月二十五号。

5) Wǒ de shēngrì bú shì shíyī yuè qī hào. 我的生日不是十一月七号。

[응용문형②]

2) Míngtiān jǐ yuè jǐ hào? 明天几月几号?

3) Hòutiān jǐ yuè jǐ hào? 后天几月几号?

4) Zuótiān jǐ yuè jǐ hào? 昨天几月几号?

5) Nǐ de shēngrì jǐ yuè jǐ hào? 你的生日几月几号?

[응용문형③]

2) Tā sān yuè shí'èr hào qù Zhōngguó. 他三月十二号去中国。

3) Tā wǔ yuè wǔ hào lái. 他五月五号来。

4) Wǒ de Zhōngguó péngyou liù yuè liù hào lái Hánguó.
我的中国朋友六月六号来韩国。

5) Wǒmen shí yuè shí hào kǎo kǒushì. 我们十月十号考口试。

[응용문형④]

2) Tā jǐ yuè jǐ hào qù Zhōngguó? 他几月几号去中国?

3) Tā jǐ yuè jǐ hào lái? 他几月几号来?

4) Nǐ péngyou jǐ yuè jǐ hào lái Hánguó? 你朋友几月几号来韩国?

5) Nǐmen jǐ yuè jǐ hào kǎo bǐshì? 你们几月几号考笔试?

◉ 문형기초

요일 xīngqī 星期

3) xīngqīsān 星期三
4) xīngqīsì 星期四
5) xīngqīwǔ 星期五
6) xīngqīliù 星期六

◉ 기본문형2

2) Jīntiān xīngqī'èr. 今天星期二。
3) Míngtiān xīngqīsān. 明天星期三。
4) Míngtiān xīngqīsì. 明天星期四。
5) Hòutiān xīngqīwǔ. 后天星期五。
6) Hòutiān xīngqīliù. 后天星期六。
7) Zuótiān xīngqītiān(xīngqīrì). 昨天星期天(星期日)。
8) Zuótiān xīngqīliù. 昨天星期六。
9) Jīntiān xīngqīsì. 今天星期四。
10) Míngtiān xīngqīliù. 明天星期六。

[응용문형①]

2) Míngtiān bú shì xīngqī'èr. 明天不是星期二。
3) Hòutiān bú shì xīngqīsān. 后天不是星期三。
4) Zuótiān bú shì xīngqīsì. 昨天不是星期四。
5) Wǒ de shēngrì bú shì xīngqīwǔ. 我的生日不是星期五。

[응용문형②]

2) Míngtiān xīngqī jǐ? 明天星期几?
3) Hòutiān xīngqī jǐ? 后天星期几?
4) Zuótiān xīngqī jǐ? 昨天星期几?
5) Nǐ de shēngrì xīngqī jǐ? 你的生日星期几?

• 실전연습

1. 1) Jīntiān jǐ yuè jǐ hào?
   2) Wǒmen shénme shíhou kǎoshì?
   3) Wǒmen xīngqīsì shàngwǔ shí diǎn kǎoshì.

2. 男: 今天几月几号？
   女: 今天11月12号。
   男: 那明天不是你的生日吗？
   女: 不是，我的生日是12月11号。
      1) 今天十一月十二号。
      2) 女的生日是十二月十一号。

5. 1) hòutiān 모레
   2) xīngqītiān 일요일
   3) Zhōngguó 중국
   4) zuótiān 어제
   5) duì 맞다
   6) wándàn 망하다

6. 1) 今天不是二月四号。
   2) 他三月十二号去中国。
   3) 我的生日不是星期五。

7. 1) 明天二月十五号。
   2) 你朋友几月几号来韩国?
   3) 昨天不是星期四。

8. 1) 他几月几号来韩国？
   2) 明天星期三。
   3) 我的生日不是星期五。

제2과 나에게 문자 보내.

• 문형 연습

◉ 기본문형1

2) Nǐ gěi tā dǎ diànhuà. 你给他打电话。

3) Nǐ gěi tā fā duǎnxìn. 你给他发短信。

4) Tā gěi tā péngyou fā duǎnxìn. 他给他朋友发短信。

5) Tā gěi tā péngyou fā diànzǐ yóujiàn. 他给他朋友发电子邮件。

6) Tā péngyou gěi wǒ fā diànzǐ yóujiàn. 他朋友给我发电子邮件。

7) Tā péngyou gěi wǒ xiě xìn. 他朋友给我写信。

8) Wǒ gěi wǒ péngyou xiě xìn. 我给我朋友写信。

9) Wǒ gěi nǐ jièshào wǒ shìyǒu. 我给你介绍我室友。

10) Tā gěi wǒ jièshào tā shìyǒu. 他给我介绍他室友。

[응용문형①]

2) Tā gěi shéi dǎ diànhuà? 他给谁打电话?

3) Nǐ gěi shéi fā duǎnxìn? 你给谁发短信?

4) Tā gěi shéi fā diànzǐ yóujiàn? 他给谁发电子邮件?

5) Nǐ péngyou gěi shéi xiě xìn? 你朋友给谁写信?

[응용문형②]

2) Wǒ bù gěi tā dǎ diànhuà. 我不给他打电话。

3) Wǒ bù gěi bàba fā duǎnxìn. 我不给爸爸发短信。

4) Wǒmen bù gěi lǎoshī fā diànzǐ yóujiàn. 我们不给老师发电子邮件。

5) Jiějie bù gěi wǒ xiě xìn. 姐姐不给我写信。

◉ 기본문형2

2) Nǐ kěyǐ shuìjiào. 你可以睡觉。

3) Nǐ kěyǐ huíjiā. 你可以回家。

4) Tā kěyǐ kàn diànshì. 他可以看电视。

5) Nǐ kěyǐ fā diànzǐ yóujiàn. 你可以发电子邮件。

6) Nǐ kěyǐ fā duǎnxìn. 你可以发短信。

7) Nǐ kěyǐ chànggē. 你可以唱歌。

8) Zhèr kěyǐ tiàowǔ. 这儿可以跳舞。

9) Zhèr kěyǐ yóuyǒng. 这儿可以游泳。

10) Zhèr kěyǐ chōuyān. 这儿可以抽烟。

[응용문형①]

2) Wǒ kěyǐ huíjiā ma? 我可以回家吗?

3) Wǒ kěyǐ kàn diànshì ma? 我可以看电视吗?

4) Wǒ kěyǐ fā duǎnxìn ma? 我可以发短信吗?

5) Zhèr kěyǐ chōuyān ma? 这儿可以抽烟吗?

[응용문형②]

2) Nǐmen bù néng shuìjiào. 你们不能睡觉。

3) Zhèr bù néng yóuyǒng. 这儿不能游泳。

4) Zhèr bù néng tiàowǔ. 这儿不能跳舞。

5) Zhèr bù néng chōuyān. 这儿不能抽烟。

◉ 기본문형3

2) Diànhuà hàomǎ shì líng èr èr wǔ liù liù qī qī bā líng. 电话号码是0225667780。

3) Diànhuà hàomǎ shì èr wǔ liù liù yāo sì jiǔ wǔ. 电话号码是25661495。

4) Shǒujī hàomǎ shì líng yāo líng jiǔ líng jiǔ líng sān líng líng sì.
手机号码是01090903004。

5) Shǒujī hàomǎ shì bā èr yāo líng jiǔ líng jiǔ líng sān wǔ bā sì.
手机号码是821090903584。

6) Shǒujī hàomǎ shì yāo bā wǔ yāo liù yāo sì sān qī jiǔ yāo.
手机号码是18516143791。

7) Shǒujī hàomǎ shì bā liù yāo bā wǔ yāo liù yāo sì sān sān èr wǔ.
手机号码是8618516143325。

8) Fángjiān hàomǎ shì yāo líng yāo hào. 房间号码是101号。

9) Fángjiān hàomǎ shì yāo líng líng qī hào. 房间号码是1007号。

10) Fángjiān hàomǎ shì yāo èr sān sì hào. 房间号码是1234号。

[응용문형①]

2) Bàngōngshì de diànhuà hàomǎ shì liù sì líng èr yāo sì jiǔ.
办公室的电话号码是6402149。

3) Wǒ de shǒujī hàomǎ shì líng yāo líng jiǔ yāo jiǔ èr sān liù bā sì.
我的手机号码是01091923684。

4) Tā de shǒujī hàomǎ shì yāo sān wǔ yāo sān bā bā liù wǔ bā jiǔ.
他的手机号码是13513886589。

5) Wǒ péngyou de fángjiān hàomǎ shì sì líng bā hào.
我朋友的房间号码是408号。

[응용문형②]

2) Bàngōngshì de diànhuà hàomǎ shì duōshao? 办公室的电话号码是多少?

3) Nǐ de shǒujī hàomǎ shì duōshao? 你的手机号码是多少?

4) Tā de shǒujī hàomǎ shì duōshao? 他的手机号码是多少?

5) Nǐ de fángjiān hàomǎ shì duōshao? 你的房间号码是多少?

• 실전연습

1. 1) Lǎoshī, nín yǒu shǒujī ma ?
2) wǒ shàngkè shí, bù jiē diànhuà.
3) Tā yě shì Hánguó rén ma ?

2. 男: 你的手机号码是多少 ?
女: 我的手机号码是13675783974。

男: 你的房间号码是多少？

女: 我的房间号码是1023。

1) 女的手机号码是13675783974。

2) 女的房间号码是1023。

5. 1) duǎnxìn 문자
2) diànzǐ yóujiàn 메일
3) chànggē 노래하다
4) yān 담배
5) bàngōngshì 사무실
6) liúxuéshéng 유학생

6. 1) 你可以发电子邮件。
2) 这儿不能跳舞。
3) 办公室的电话号码是多少?

7. 1) 我给我朋友写信。
2) 你给谁发短信?
3) 你的手机号码是多少?

8. 1) 他给我介绍他室友。
2) 我们不给老师发电子邮件。
3) 这儿可以抽烟吗?

제3과 수박 한 근에 얼마죠?

• 문형 연습

◉ 문형기초

kuài 块

3) shíjiǔ kuài 十九块

4) wǔshíwǔ kuài 五十五块

5) bāshíbā kuài 八十八块

6) jiǔshí'èr kuài 九十二块

7) yìbǎi kuài 一百块

8) èr(liǎng)bǎiliùshí kuài 二(两)百六十块

máo 毛

2) yí kuài èr(máo) 一块二(毛)

3) liǎng kuài wǔ(máo) 两块五(毛)

4) liǎng kuài bā(máo) 两块八(毛)

5) wǔ kuài liù(máo) 五块六(毛)

6) bā kuài sān(máo) 八块三(毛)

◉ 기본문형1

2) Píngguǒ liǎng kuài bā(máo) yì jīn. 苹果两块八(毛)一斤。

3) Júzi sān kuài èr(máo) yì jīn. 橘子三块二(毛)一斤。

4) Lí sì kuài sì(máo) yì jīn. 梨四块四(毛)一斤。

5) Kāfēi èrshíliù kuài yì bēi. 咖啡二十六块一杯。

6) Píjiǔ shí kuài yì bēi. 啤酒十块一杯。

7) Píjiǔ shí'èr kuài yì píng. 啤酒十二块一瓶。

8) Kělè bā kuài yì píng. 可乐八块一瓶。

9) Běnzi liù kuài yí ge. 本子六块一个。

10) Kuàngqúanshuǐ wǔ kuài wǔ(máo) yì píng. 矿泉水五块五(毛)一瓶。

[응용문형①]

2) Júzi duōshao qián yì jīn? 橘子多少钱一斤?

3) Lìzhī duōshao qián yì jīn? 荔枝多少钱一斤?

4) Kāfēi duōshao qián yì bēi? 咖啡多少钱一杯?

5) Zhè ge duōshao qián yí ge? 这个多少钱一个?

◉ 기본문형2

2) Zhè shì māma fā de duǎnxìn. 这是妈妈发的短信。

3) Zhè shì māma xiě de xìn. 这是妈妈写的信。

4) Zhè shì bàba xiě de xìn. 这是爸爸写的信。

5) Zhè shì bàba xǐhuan de píjiǔ. 这是爸爸喜欢的啤酒。

6) Zhè shì gēge xǐhuan de píjiǔ. 这是哥哥喜欢的啤酒。

7) Zhè shì gēge hē de kāfēi. 这是哥哥喝的咖啡。

8) Zhè shì jiějie hē de kāfēi. 这是姐姐喝的咖啡。

9) Zhè shì jiějie mǎi de lìzhī. 这是姐姐买的荔枝。

10) Zhè shì wǒ mǎi de lìzhī. 这是我买的荔枝。

[응용문형①]

2) Zhè shì māma xiě de. 这是妈妈写的。

3) Zhè shì bàba xǐhuan de. 这是爸爸喜欢的。

4) Zhè shì gēge hē de. 这是哥哥喝的。

5) Zhè shì wǒ mǎi de. 这是我买的。

[응용문형②]

2) Zhè bú shì māma xiě de. 这不是妈妈写的。

3) Zhè bú shì bàba xǐhuan de. 这不是爸爸喜欢的。

4) Zhè bú shì gēge hē de. 这不是哥哥喝的。

5) Zhè bú shì wǒ mǎi de. 这不是我买的。

◉ 기본문형3

2) Xīguā zěnmeyàng? 西瓜怎么样?

3) Lìzhī zěnmeyàng? 荔枝怎么样?

4) Kāfēi zěnmeyàng? 咖啡怎么样?

5) Píjiǔ zěnmeyàng? 啤酒怎么样?

6) Tiānqì zěnmeyàng? 天气怎么样?

7) Tā zěnmeyàng? 他怎么样?

8) Nǐmen de lǎoshī zěnmeyàng? 你们的老师怎么样?

9) Xuéxiào de diànnǎo zěnmeyàng? 学校的电脑怎么样?

10) Xuéxiào de sùshè zěnmeyàng? 学校的宿舍怎么样?

[응용문형①]

2) Mǎi diànnǎo zěnmeyàng? 买电脑怎么样?

3) Gěi tā fā duǎnxìn zěnmeyàng? 给他发短信怎么样?

4) Chī yángròuchuàn zěnmeyàng? 吃羊肉串怎么样?

5) Xué Hànyǔ zěnmeyàng? 学汉语怎么样?

• 실전연습

1. 1) Xīguā tián bu tián ?

2) Wǒ yào wǔ jīn xīguā.

3) Wǒ zuótiān mǎi de lìzhī bú guì.

2. 男: 西瓜多少钱一斤 ?

女: 两块一斤。

男: 荔枝呢 ?

女: 九块五一斤。

1) 西瓜两块一斤。

2) 荔枝九块五一斤。

5. 1) píngguǒ 사과
2) běnzi 노트
3) tiānqì 날씨
4) diànnǎo 컴퓨터
5) dāngrán 당연하다
6) piányi 싸다

6. 1) 苹果两块八毛一斤。
2) 这是妈妈发的短信。
3) 学校的宿舍怎么样?

7. 1) 啤酒十二块一瓶。
2) 这是爸爸喜欢的。
3) 吃羊肉串怎么样?

8. 1) 咖啡二十六块一杯。
2) 橘子多少钱一斤?
3) 这是哥哥喝的咖啡。

제4과 너무 비싸요, 좀 싸게 해주세요.

• 문형 연습

◉ 기본문형1

2) Wǒ nánpéngyou yào mǎi shǒujī. 我男朋友要买手机。
3) Wǒ nánpéngyou yào qù Zhōngguó. 我男朋友要去中国。
4) Wǒ bàba yào qù Zhōngguó. 我爸爸要去中国。
5) Wǒ bàba yào xué Hànyǔ. 我爸爸要学汉语。
6) Wǒmen yào xué Hànyǔ. 我们要学汉语。
7) Wǒmen yào dǎ lánqiú. 我们要打篮球。
8) Tāmen yào dǎ lánqiú. 他们要打篮球。
9) Tāmen yào tī zúqiú. 他们要踢足球。

10) Wǒmen bān tóngxué yào tī zúqiú. 我们班同学要踢足球。

[응용문형①]

2) Nǐ yào xué Hànyǔ ma? 你要学汉语吗?

3) Nǐ yào dǎ lánqiú ma? 你要打篮球吗?

4) Nǐ yào tī zúqiú ma? 你要踢足球吗?

5) Nǐ yào kàn diànyǐng ma? 你要看电影吗?

[응용문형②]

2) Wǒ bù xiǎng xué Hànyǔ. 我不想学汉语。

3) Wǒ bù xiǎng dǎ lánqiú. 我不想打篮球。

4) Wǒ bù xiǎng tī zúqiú. 我不想踢足球。

5) Wǒ bù xiǎng kàn diànyǐng. 我不想看电影。

◉ 기본문형2

2) Wǒ zhǎo nǐ shíwǔ kuài. 我找你十五块。

3) Zhǎo nín èrshí kuài. 找您二十块。

4) Wǒ zhǎo tā èrshíbā kuài. 我找他二十八块。

5) Zhǎo nín sānshísì kuài. 找您三十四块。

6) Zhǎo wǒ yí kuài. 找我一块。

7) Zhǎo tā liǎng kuài. 找他两块。

8) Nǐ zhǎo wǒ sān kuài. 你找我三块。

9) Nín zhǎo tā sìshíyī kuài. 您找他四十一块。

10) Zhǎo wǒ wǔshí kuài. 找我五十块。

◉ 기본문형3

2) Wǒ kànkan. 我看看。

3) Nǐ tīngting. 你听听。

4) Wǒ chángchang. 我尝尝。

5) Nǐ shìshi. 你试试。

6) Nǐ děngdeng. 你等等。

7) Nǐ xiǎngxiang. 你想想。

8) Nǐ jièshàojièshào. 你介绍介绍。

9) Nǐ xiūxixiūxi. 你休息休息。

10) Nǐ fùxífùxí. 你复习复习。

◉ 기본문형4

2) Nǐ shì Hánguórén ba? 你是韩国人吧?

3) Tāmen shì Yuènánrén ba? 他们是越南人吧?

4) Nǐ de shēngrì shì shí yuè shí hào ba? 你的生日是十月十号吧?

5) Nǐ de shēngrì shì zhè xīngqītiān ba? 你的生日是这星期天吧?

6) Nǐ de shēngrì shì xià xīngqīyī ba? 你的生日是下星期一吧?

7) Zhè shì nǐ de shūbāo ba? 这是你的书包吧?

8) Zhè shì nǐ de ba? 这是你的吧?

9) Nà shì nǐ de yǎnjìng ba? 那是你的眼镜吧?

10) Nà shì nǐ de ba? 那是你的吧?

[응용문형①]

2) Tāmen bú shì Yuènánrén ba? 他们不是越南人吧?

3) Nǐ de shēngrì bú shì zhè xīngqītiān ba? 你的生日不是这星期天吧?

4) Zhè bú shì nǐ de shūbāo ba? 这不是你的书包吧?

5) Nà bú shì nǐ de ba? 那不是你的吧?

[응용문형②]

2) Tā qǐchuáng le ba? 他起床了吧?

3) Tāmen qù Zhōngguó le ba? 他们去中国了吧?

4) Nǐ xiàkè le ba? 你下课了吧?

5) Tā bìyè le ba? 他毕业了吧?

• 실전연습

1. 1) Yào duōshao qián de ?
   2) Dāngrán kěyǐ.
   3) Zhè shì bābǎi kuài, zhǎo nín sìshí.

2. 女: 这条裙子很好看，多少钱？
   男: 三百八。
   女: 三百不行吗？
   男: 不行。
      1) 女的要买裙子。
      2) 裙子三百八十块钱。

5. 1) 농구 lánqiú
   2) 축구 zúqiú
   3) 기다리다 děng
   4) 쉬다 xiūxi
   5) 책가방 shūbāo
   6) 보기 좋다 hǎokàn

6. 1) 我男朋友要去中国。
   2) 我不想看电影。
   3) 那是你的眼镜吧?

7. 1) 我爸爸要学汉语。
   2) 我找他二十八块。
   3) 他起床了吧?

8. 1) 您要买手机吗?
   2) 找您二十块。
   3) 这是你的吧?

제5과 영어 할 줄 아나요?

• 문형 연습

◉ 기본문형1

2) Wǒ dìdi huì shuō Hànyǔ. 我弟弟会说汉语。

3) Wǒ dìdi huì shuō Yīngyǔ. 我弟弟会说英语。

4) Wǒ mèimei huì shuō Yīngyǔ. 我妹妹会说英语。

5) Wǒ mèimei huì dǎ pīngpāngqiú. 我妹妹会打乒乓球。

6) Wǒ shìyǒu huì dǎ pīngpāngqiú. 我室友会打乒乓球。

7) Wǒ shìyǒu huì qí zìxíngchē. 我室友会骑自行车。

8) Wǒmen huì qí zìxíngchē. 我们会骑自行车。

9) Wǒmen huì kāi chē. 我们会开车。

10) Tāmen huì kāi chē. 他们会开车。

[응용문형①]

2) Tā huì bu huì shuō Yīngyǔ? 他会不会说英语?

3) Tā huì bu huì dǎ pīngpāngqiú? 他会不会打乒乓球?

4) Nǐmen huì bu huì qí zìxíngchē? 你们会不会骑自行车?

5) Nǐ huì bu huì kāi chē? 你会不会开车?

[응용문형②]

2) Tā bú huì shuō Hànyǔ. 他不会说汉语。

3) Wǒ bú huì dǎ pīngpāngqiú. 我不会打乒乓球。

4) Wǒmen bú huì qí zìxíngchē. 我们不会骑自行车。

5) Wǒ bú huì kāi chē. 我不会开车。

◉ 기본문형2

2) Wǒ gēge néng gēn Zhōngguórén duìhuà. 我哥哥能跟中国人对话。

3) Wǒ gēge néng fānyì zhè běn shū. 我哥哥能翻译这本书。

4) Wǒ jiejie néng fānyì zhè běn shū. 我姐姐能翻译这本书。

5) Wǒ jiějie néng yóu wǔbǎi mǐ. 我姐姐能游五百米。

6) Tāmen néng yóu wǔbǎi mǐ. 他们能游五百米。

7) Tāmen shàngwǔ néng qí zìxíngchē. 他们上午能骑自行车。

8) Wǒmen xiàwǔ néng qí zìxíngchē. 我们下午能骑自行车。

9) Wǒmen xīngqīliù néng wánr diànnǎo yóuxì. 我们星期六能玩儿电脑游戏。

10) Tāmen xīngqītiān néng wánr diànnǎo yóuxì. 他们星期天能玩儿电脑游戏。

[응용문형①]

2) Nǐ néng fānyì zhè běn shū ma? 你能翻译这本书吗?

3) Nǐ néng yóu sānbǎi mǐ ma? 你能游三百米吗?

4) Nǐmen míngtiān shàngwǔ néng qí zìxíngchē ma? 你们明天上午能骑自行车吗?

5) Nǐ xīngqīliù néng wánr diànnǎo yóuxì ma? 你星期六能玩儿电脑游戏吗?

◉ 기본문형3

2) Yīngyǔ nán shì nán, kěshì hěn yǒu yìsi. 英语难是难，可是很有意思。

3) Yīngyǔ yǒu yìsi shì yǒu yìsi, kěshì yǒudiǎnr nán.
英语有意思是有意思，可是有点儿难。

4) Zhè ge yǒu yìsi shì yǒu yìsi, kěshì yǒudiǎnr nán.
这个有意思是有意思，可是有点儿难。

5) Zhè ge hǎochī shì hǎochī, kěshì yǒudiǎnr là.
这个好吃是好吃，可是有点儿辣。

6) Hánguó cài hǎochī shì hǎochī, kěshì yǒudiǎnr là.
韩国菜好吃是好吃，可是有点儿辣。

7) Hánguó cài là shì là, kěshì hěn hǎochī. 韩国菜辣是辣，可是很好吃。

8) Sìchuān cài là shì là, kěshì hěn hǎochī. 四川菜辣是辣，可是很好吃。

9) Sìchuān cài guì shì guì, kěshì hěn hǎochī. 四川菜贵是贵，可是很好吃。

10) Zhè tiáo qúnzi guì shì guì, kěshì hěn piàoliang. 这条裙子贵是贵，可是很漂亮。

• 실전연습

1. 1) Tā shì nǎ guó rén ?

   2) Nǐ néng gēn Měiguórén duìhuà ma ?

   3) Nǐ zuì xǐhuan nǎ shǒu gēr ?

2. 男: 你会不会说英语？

   女: 我不会，英语太难了。

   男: 你有什么爱好？

   女: 我爱游泳。

      1) 女的不会说英语。

      2) 女的喜欢游泳。

5. 1) 탁구 pīngpāngqiú
   2) 차를 운전하다 kāi chē
   3) 번역하다 fānyì
   4) 그러나, 하지만 kěshì
   5) 취미 àihào
   6) 듣기 좋다 hǎotīng

6. 1) 我室友会骑自行车。

   2) 我们星期六能玩儿电脑游戏。

   3) 你们明天上午能骑自行车吗?

7. 1) 我哥哥能跟中国人对话。

   2) 英语难是难，可是很有意思。

   3) 四川菜贵是贵，可是很好吃。

8. 1) 你们会不会骑自行车?

   2) 我姐姐能游五百米。

   3) 这条裙子贵是贵，可是很漂亮。

제6과 한국음식 좋아해 아니면 중국음식 좋아해?

• 문형 연습

◉ 기본문형1

2) Nǐ qù háishi tā qù? 你去还是他去?

3) Tā xiàwǔ qù háishi wǎnshang qù? 他下午去还是晚上去?

4) Tā jīntiān wǎnshang qù háishi míngtiān wǎnshang qù?
他今天晚上去还是明天晚上去?

5) Wǒmen qí zìxíngchē háishi zuò gōngjiāochē? 我们骑自行车还是坐公交车?

6) Wǒmen zuò gōngjiāochē háishi zuò chūzūchē? 我们坐公交车还是坐出租车?

7) Nǐ qù túshūguǎn háishi qù shítáng? 你去图书馆还是去食堂?

8) Nǐ qù shítáng háishi huí sùshè? 你去食堂还是回宿舍?

9) Wǒmen hē píjiǔ háishi hē kāfēi? 我们喝啤酒还是喝咖啡?

10) Wǒmen chī Hánguó cài háishi chī Zhōngguó cài? 我们吃韩国菜还是吃中国菜?

[응용문형①]

2) Jīntiān shì xīngqīliù háishi xīngqītiān? 今天是星期六还是星期天?

3) Nǐ de shēngrì shì shíyī hào háishi shíèr hào? 你的生日是十一号还是十二号?

4) Zhè shì nǐ de háishi tā de? 这是你的还是他的?

5) Zhè shì qiānbǐ háishi yuánzhūbǐ? 这是铅笔还是圆珠笔?

◉ 기본문형2

2) Wǒ bǎo le. 我饱了。

3) Nǐ zuìjìn piàoliang le. 你最近漂亮了。

4) Nǐ zuìjìn shòu le. 你最近瘦了。

5) Wǒ zuìjìn pàng le. 我最近胖了。

6) Wǒ kùn le. 我困了。

7) Tiānqì nuǎnhuo le. 天气暖和了。

8) Tiānqì rè le. 天气热了。

9) Tiānqì liángkuai le. 天气凉快了。

10) Tiānqì lěng le. 天气冷了。

[응용문형①]

2) Liǎng diǎn le. 两点了。

3) Chūntiān le. 春天了。

4) Xiàtiān le. 夏天了。

5) Wǒ jīnnián èrshíyī suì le. 我今年二十一岁了。

◉ 기본문형3

2) Tāmen yào bìyè le. 他们要毕业了。

3) Tāmen yào shàng kè le. 他们要上课了。

4) Wǒmen yào shàng kè le. 我们要上课了。

5) Wǒmen yào xià kè le. 我们要下课了。

6) Wǒ nǚpéngyou yào xià kè le. 我女朋友要下课了。

7) Wǒ jiějie yào jiéhūn le. 我姐姐要结婚了。

8) Wǒ de Zhōngguó péngyou yào jiéhūn le. 我的中国朋友要结婚了。

9) Wǒ de Zhōngguó péngyou yào lái Hánguó le. 我的中国朋友要来韩国了。

10) Wǒ de Měiguó péngyou yào lái Hánguó le. 我的美国朋友要来韩国了。

[응용문형①]

2) kuài shàng kè le. 快上课了。

3) kuài xià kè le. 快下课了。

4) kuài qiūtiān le. 快秋天了。

5) kuài dōngtiān le. 快冬天了。

◉ 기본문형4

2) Suīrán wǒ xǐhuan xué Yīngyǔ, dànshì wǒ bú huì shuō Yīngyǔ.
虽然我喜欢学英语，但是我不会说英语。

3) Suīrán wǒ huì shuō Hànyǔ, dànshì bú tài liúlì. 虽然我会说汉语，但是不太流利。

4) Suīrán wǒ huì shuō Yīngyǔ, dànshì bú tài liúlì.
虽然我会说英语，但是不太流利。

5) Suīrán jiàoshì lǐbian yǒu kōngtiáo, dànshì bú tài liángkuai.
虽然教室里边有空调，但是不太凉快。

6) Suīrán jiàoshì lǐbian méiyǒu kōngtiáo, dànshì hěn liángkuai.
虽然教室里边没有空调，但是很凉快。

7) Suīrán hěn duō rén xǐhuan tā, dànshì wǒ bú tài xǐhuan tā.
虽然很多人喜欢他，但是我不太喜欢他。

8) Suīrán hěn duō rén bù xǐhuan tā, dànshì wǒ hěn xǐhuan tā.
虽然很多人不喜欢他，但是我很喜欢他。

9) Suīrán zhè ge cài hěn hǎochī, dànshì tài guì le.
虽然这个菜很好吃，但是太贵了。

10) Suīrán zhè ge cài yǒudiǎnr guì, dànshì hěn hǎochī.
虽然这个菜有点儿贵，但是很好吃。

• 실전연습

1. 1) Wǒ yě yǒudiǎnr è.
2) Nǐ xǐhuan chī Hánguó cài háishi Zhōngguó cài ?
3) Nà xià cì zánmen chī shāokǎo ba, wǒ qǐng kè !

2. 男: 现在几点了？
女: 三点二十分。
男: 你去图书馆还是回宿舍？
女: 我回宿舍。
1) 现在三点二十分。
2) 女的回宿舍。

5. 1) 버스 gōngjiāochē

2) 택시 chūzūchē

3) 연필 qiānbǐ

4) 야위다 shòu

5) 시원하다 liángkuai

6) 겨울 dōngtiān

6. 1) 天气暖和了。
   2) 我的中国朋友要结婚了。
   3) 虽然教室里边有空调，但是不太凉快。

7. 1) 他下午去还是晚上去?
   2) 我最近胖了。
   3) 虽然这个菜很好吃，但是太贵了。

8. 1) 我们喝啤酒还是喝咖啡?
   2) 现在一点了。
   3) 虽然很多人喜欢他，但是我不太喜欢他。

제7과 너 훠궈 먹어 봤어?

• 문형 연습

⦿ 기본문형1

2) Wǒmen chī guo yángròuchuàn. 我们吃过羊肉串。

3) Wǒmen hē guo Qīngdǎo píjiǔ. 我们喝过青岛啤酒。

4) Tāmen hē guo Zhōngguó báijiǔ. 他们喝过中国白酒。

5) Tāmen qù guo Xiānggǎng. 他们去过香港。

6) Wǒ nán péngyou qù guo Sìchuān. 我男朋友去过四川。

7) Wǒ nán péngyou zuò guo Zhōngguó fēijī. 我男朋友坐过中国飞机。

8) Wǒ nǚ péngyou zuò guo chuán. 我女朋友坐过船。

9) Wǒ nǚ péngyou xué guo Hànyǔ. 我女朋友学过汉语。

10) Wǒ xué guo yóuyǒng. 我学过游泳。

[응용문형①]

2) Tā méi hē guo Qīngdǎo píjiǔ. 他没喝过青岛啤酒。

3) Wǒ gēge méi qù guo Xiānggǎng. 我哥哥没去过香港。

4) Wǒ méi zuò guo Zhōngguó fēijī. 我没坐过中国飞机。

5) Tā méi xué guo Hànyǔ. 他没学过汉语。

[응용문형②]

2) Nǐ hē guo báijiǔ méiyǒu? 你喝过白酒没有?

3) Nín qù guo Sìchuān méiyǒu? 您去过四川没有?

4) Nǐ zuò guo chuán méiyǒu? 你坐过船没有?

5) Nǐ xué guo yóuyǒng méiyǒu? 你学过游泳没有?

◉ 기본문형2

2) Wǒ qù dǎ gōng. 我去打工。

3) Wǒ qù hē kāfēi. 我去喝咖啡。

4) Wǒ qù kàn diànyǐng. 我去看电影。

5) Wǒ qù xué hànyǔ. 我去学汉语。

6) Wǒ qù mǎi yīfu. 我去买衣服。

7) Wǒ qù jiē péngyou. 我去接朋友。

8) Wǒ qù jiàn qīzi. 我去见妻子。

9) Wǒ qù dǎ lánqiú. 我去打篮球。

10) Wǒ qù yóuyǒng. 我去游泳。

[응용문형①]

2) Wǒ qù diànyǐngyuàn kàn diànyǐng. 我去电影院看电影。

3) Wǒ qù túshūguǎn xuéxí Hànyǔ. 我去图书馆学习汉语。

4) Wǒ qù jīchǎng jiē péngyou. 我去机场接朋友。

5) Wǒ qù nàr jiàn qīzi. 我去那儿见妻子。

[응용문형②]

2) Tā lái xuéxiào dǎ gōng. 他来学校打工。

3) Tā lái túshūguǎn xuéxí Hànyǔ. 他来图书馆学习汉语。

4) Wǒ nán péngyou lái jīchǎng jiē wǒ. 我男朋友来机场接我。

5) Wǒ nǚ péngyou lái zhèr jiàn wǒ. 我女朋友来这儿见我。

[응용문형③]

2) Wǒ zuò gōngjiāochē qù xuéxiào. 我坐公交车去学校。

3) Tā zuò chuán lái. 他坐船来。

4) Tā zuò chuán lái Hánguó. 他坐船来韩国。

5) Tā zuò fēijī qù Zhōngguó. 他坐飞机去中国。

◉ 기본문형3

2) Wǒ qǐng nǐ chī Hánguó cài. 我请你吃韩国菜。

3) Wǒ qǐng Zhōngguó péngyou chī Zhōngguó cài. 我请中国朋友吃中国菜。

4) Wǒ qǐng nǐ hē kāfēi. 我请你喝咖啡。

5) Nǐ qǐng wǒ hē kāfēi. 你请我喝咖啡。

6) Wǒ qǐng nín hē chá. 我请您喝茶。

7) Wǒ qǐng nǐ gěi wǒ fā duǎnxìn. 我请你给我发短信。

8) Wǒ qǐng nín gěi wǒ dǎ diànhuà. 我请您给我打电话。

9) Wǒ qǐng tā bāngzhù wǒ. 我请他帮助我。

10) Wǒmen qǐng tā chànggē. 我们请他唱歌。

[응용문형①]

2) Lǎoshī ràng wǒ gěi lǎoshī dǎ diànhuà. 老师让我给老师打电话。

3) Tā ràng wǒ bāngzhù tā. 他让我帮助他。

4) Māma ràng wǒ chànggē. 妈妈让我唱歌。

5) Bàba ràng wǒ xué Hànyǔ. 爸爸让我学汉语。

◉ 기본문형4

2) Lái liǎng píng Qīngdǎo píjiǔ. 来两瓶青岛啤酒。

3) Lái yì bēi kělè. 来一杯可乐。

4) Lái liǎng bēi kělè. 来两杯可乐。

5) Lái yì jīn xīguā. 来一斤西瓜。

6) Lái liǎng jīn xīguā. 来两斤西瓜。

7) Lái yí fèn yángròu. 来一份羊肉。

8) Lái liǎng fèn yángròu. 来两份羊肉。

9) Lái yí fèn niúròu. 来一份牛肉。

10) Lái sān fèn niúròu. 来三份牛肉。

• 실전연습

1. 1) Wǒ qǐng nǐ chī dìdao de Chuāncài.

 2) Zhè shì càidān，qǐng diǎn cài。

 3) zài lái yí ge shūcài pīnpán.

2. 男: 你吃过四川火锅吗？

 女: 没吃过。你呢？

 男: 我吃过，虽然有点儿辣，可是很好吃。

 女: 我不太喜欢吃辣的。

  1) 男的吃过四川火锅。

  2) 女的不太喜欢吃辣的。

5. 1) 배갈 báijiǔ　2) 비행기 fēijī

 3) 옷 yīfu　4) 아내 qīzi

 5) 공항 jīchǎng　6) 돕다 bāngzhù

6. 1) 我没坐过中国飞机。
   2) 我去电影院看电影。
   3) 妈妈让我唱歌。

7. 1) 他没喝过青岛啤酒。
   2) 我去打篮球。
   3) 来两杯可乐。

8. 1) 我女朋友学过汉语。
   2) 我去机场接朋友。
   3) 他坐飞机去中国。

제8과 홍콩보다 상하이가 가까워.

• 문형 연습

◉ 기본문형1

2) Tā bǐ wǒ dà. 他比我大。
3) Tā bǐ wǒ gāo. 他比我高。
4) Wǒ gēge bǐ wǒ gāo. 我哥哥比我高。
5) Wǒ gēge bǐ wǒ shòu. 我哥哥比我瘦。
6) Wǒ shìyǒu bǐ wǒ shòu. 我室友比我瘦。
7) Tā de shǒujī bǐ wǒ de shǒujī guì. 他的手机比我的手机贵。
8) Zhè ge bǐ nà ge guì. 这个比那个贵。
9) Zhè ge bǐ nà ge cháng. 这个比那个长。
10) Zhè tiáo qúnzi bǐ nà tiáo qúnzi cháng. 这条裙子比那条裙子长。

[응용문형①]

2) Tā bǐ wǒ gāo liǎng límǐ. 他比我高两厘米。

3) Wǒ de bǐ nǐ de guì shí kuài. 我的比你的贵十块。

4) Zhè ge bǐ nà ge piányi yìbǎi kuài. 这个比那个便宜一百块。

5) Wǒ de qúnzi bǐ nǐ de qúnzi cháng wǔ límǐ. 我的裙子比你的裙子长五厘米。

[응용문형②]

2) Wǒ bǐ nǐ gāo yìdiǎnr. 我比你高一点儿。

3) Nǐ bǐ wǒ shòu yìdiǎnr. 你比我瘦一点儿。

4) Zhè ge bǐ nà ge guì yìdiǎnr. 这个比那个贵一点儿。

5) Zhè tiáo qúnzi bǐ nà tiáo qúnzi piányi yìdiǎnr.
这条裙子比那条裙子便宜一点儿。

[응용문형③]

2) Tā bǐ wǒ gāo duō le. 他比我高多了。

3) Nǐ bǐ wǒ shòu duō le. 你比我瘦多了。

4) Zhè tiáo qúnzi bǐ nà tiáo qúnzi cháng duō le. 这条裙子比那条裙子长多了。

5) Tā bǐ wǒ cōngming duō le. 他比我聪明多了。

◉ 기본문형2

2) Wǒ gēn tā yíyàng. 我跟他一样。

3) Nǐ de gēn wǒ de yíyàng. 你的跟我的一样。

4) Wǒ de gēn nǐ de yíyàng. 我的跟你的一样。

5) Zhè ge gēn nà ge yíyàng. 这个跟那个一样。

6) Nà ge gēn zhè ge yíyàng. 那个跟这个一样。

7) Zhè tiáo qúnzi gēn nà tiáo qúnzi yíyàng. 这条裙子跟那条裙子一样。

8) Nà tiáo qúnzi gēn zhè tiáo qúnzi yíyàng. 那条裙子跟这条裙子一样。

9) Hánguórén gēn Zhōngguórén yíyàng. 韩国人跟中国人一样。

10) Zhōngguórén gēn Hánguórén yíyàng. 中国人跟韩国人一样。

[응용문형①]

2) Tā gēn wǒ yíyàng dà. 他跟我一样大。

3) Zhè ge gēn nà ge yíyàng guì. 这个跟那个一样贵。

4) Zhè tiáo qúnzi gēn nà tiáo qúnzi yíyàng cháng. 这条裙子跟那条裙子一样长。

5) Tā gēn wǒ yíyàng cōngming. 他跟我一样聪明。

◉ 기본문형3

2) Tā duì xué Yīngyǔ yǒu xìngqù. 他对学英语有兴趣。

3) Tā duì dǎ lánqiú yǒu xìngqù. 他对打篮球有兴趣。

4) Tā duì tī zúqiú yǒu xìngqù. 他对踢足球有兴趣。

5) Tā duì yóuyǒng yǒu xìngqù. 他对游泳有兴趣。

6) Tā duì tiàowǔ yǒu xìngqù. 他对跳舞有兴趣。

7) Tā duì zuò Zhōngguócài yǒu xìngqù. 他对做中国菜有兴趣。

8) Tā duì wǒ péngyou yǒu xìngqù. 他对我朋友有兴趣。

9) Wǒ duì tā yǒu xìngqù. 我对他有兴趣。

10) Wǒ péngyou duì nǐ yǒu xìngqù. 我朋友对你有兴趣。

[응용문형①]

2) Wǒ duì dǎ lánqiú méi yǒu xìngqù. 他对打篮球没有兴趣。

3) Tā duì zuò cài méi yǒu xìngqù. 他对做菜没有兴趣。

4) Tā duì nǐ méi yǒu xìngqù. 他对你没有兴趣。

5) Wǒ duì tā méi yǒu xìngqù. 我对他没有兴趣。

• 실전연습

1. 1) Wǒ xiǎng zuò huǒchē qù lǚxíng.

2) Bǐ qù Xiānggǎng gèng fāngbiàn.

3) Tā hǎoxiàng gēn wǒ yíyàng gāo.

2. 男: 你今年多大？
女: 我今年21岁。
男: 你姐姐呢？
女: 她比我大三岁。
1) 女的今年21岁。
2) 女的姐姐今年24岁。

5. 1) (나이가)들다 dà
2) 길다 cháng
3) 똑똑해 cōngming
4) 센티미터 límǐ
5) 기차 huǒchē
6) 필요하다 xūyào

6. 1) 我比你高一点儿。
2) 他跟我一样聪明。
3) 他对打篮球有兴趣。

7. 1) 我室友比我瘦。
2) 他跟我一样大。
3) 他对做菜没有兴趣。

8. 1) 这个比那个贵一点儿。
2) 这条裙子跟那条裙子一样长。
3) 他对你没有兴趣。

제9과 여기서 얼마나 멀죠?

• 문형 연습

◉ 기본문형1

2) Qù qìchēzhàn zěnme zǒu? 去汽车站怎么走?

3) Qù Chuāncàiguǎn zěnme zǒu? 去川菜馆怎么走?

4) Qù jīchǎng zěnme zǒu? 去机场怎么走?

5) Qù liúxuéshēng bàngōngshì zěnme zǒu? 去留学生办公室怎么走?

6) Qù shítáng zěnme zǒu? 去食堂怎么走?

7) Qù Běijīng Dàxué zěnme zǒu? 去北京大学怎么走?

8) Qù Chángchéng zěnme zǒu? 去长城怎么走?

9) Qù biànlìdiàn zěnme zǒu? 去便利店怎么走?

10) Qù yīyuàn zěnme zǒu? 去医院怎么走?

◉ 기본문형2

2) Qìchēzhàn zài Chuāncàiguǎn qiánbian. 汽车站在川菜馆前边。

3) Chuāncàiguǎn zài biànlìdiàn hòubian. 川菜馆在便利店后边。

4) Biànlìdiàn zài yīyuàn lǐbian. 便利店在医院里边。

5) Yīyuàn zài Běijīng Dàxué yòubian. 医院在北京大学右边。

6) Běijīng Dàxué zài dìtiězhàn zuǒbian. 北京大学在地铁站左边。

7) Nǐ de shǒujī zài zhuōzi shàngbian. 你的手机在桌子上边。

8) Nǐ de shūbāo zài zhuōzi xiàbian. 你的书包在桌子下边。

9) Zhuōzi zài bàngōngshì wàibian. 桌子在办公室外边。

10) Bàngōngshì zài xǐshǒujiān pángbiān. 办公室在洗手间旁边。

◉ 기본문형3

2) Chuāncàiguǎn qiánbian yǒu qìchēzhàn. 川菜馆前边有汽车站。

3) Biànlìdiàn hòubian yǒu fànguǎn. 便利店后边有饭馆。

4) Yīyuàn lǐbian yǒu biànlìdiàn. 医院里边有便利店。

5) Běijīng Dàxué yòubian yǒu yīyuàn. 北京大学右边有医院。

6) Dìtiězhàn zuǒbian yǒu xuéxiào. 地铁站左边有学校。

7) Zhuōzi shàngbian yǒu shǒujī. 桌子上边有手机。

8) Zhuōzi xiàbian yǒu shūbāo. 桌子下边有书包。

9) Bàngōngshì wàibian yǒu zhuōzi. 办公室外边有桌子。

10) Xǐshǒujiān pángbiān yǒu bàngōngshì. 洗手间旁边有办公室。

[응용문형①]

2) Xuéxiào lǐbian yǒu yīyuàn ma? 学校里边有医院吗?

3) Yīyuàn qiánbian yǒu dìtiězhàn ma? 医院前边有地铁站吗?

4) Dìtiězhàn pángbiān yǒu xǐshǒujiān ma? 地铁站旁边有洗手间吗?

5) Zhèr fùjìn yǒu zìdòng qǔkuǎnjī ma? 这儿附近有自动取款机吗?

◉ 기본문형4

2) Qìchēzhàn lí dìtiězhàn duō yuǎn? 汽车站离地铁站多远?

3) Xǐshǒujiān lí qìchēzhàn duō yuǎn? 洗手间离汽车站多远?

4) Chángchéng lí xuéxiào duō yuǎn? 长城离学校多远?

5) Nǐ jiā lí zhèr duō yuǎn? 你家离这儿多远?

6) Gōngsī lí nǐ jiā duō yuǎn? 公司离你家多远?

7) Shànghǎi lí Běijīng duō yuǎn? 上海离北京多远?

8) Xiānggǎng lí Shànghǎi duō yuǎn? 香港离上海多远?

9) Yuènán lí Hánguó duō yuǎn? 越南离韩国多远?

10) Shítáng lí sùshè duō yuǎn? 食堂离宿舍多远?

◉ 기본문형5

2) Wǒ xué liǎng ge xiǎoshí. 我学两个小时。

3) Wǒ děng sān ge xiǎoshí. 我等三个小时。

4) Wǒ děng shí fēnzhōng. 我等十分钟。

5) Wǒ zǒu wǔ fēnzhōng. 我走五分钟。

6) Wǒ zǒu èrshí fēnzhōng. 我走二十分钟。

7) Wǒ xiūxi shí fēnzhōng. 我休息十分钟。

8) Wǒ xiūxi yí ge yuè. 我休息一个月。

9) Wǒ gōngzuò liǎng ge yuè. 我工作两个月。

10) Wǒ gōngzuò shí ge yuè. 我工作十个月。

[응용문형①]

2) Tā děng le sān ge xiǎoshí. 他等了三个小时。

3) Tāmen zǒu le wǔ fēnzhōng. 他们走了五分钟。

4) Wǒmen xiūxi le shí fēnzhōng. 我们休息了十分钟。

5) Wǒ gōngzuò le yí ge yuè. 我工作了一个月。

• 실전연습

1. 1) Lí zhèr duō yuǎn ?

2) Qǐng wèn, fùjìn yǒu zìdòng qǔkuǎnjī ma ?

3) Bù yuǎn, zǒu wǔ fēnzhōng jiù dào.

2. 男: 请问，您知道北京饭店在哪儿吗？

女: 就在和平邮局对面。

男: 和平邮局在哪儿？

女: 你一直往前走，走十分钟就到。

1) 北京饭店在和平邮局对面。

2) 一直往前走，走十分钟就到。

5. 1) 지하철역 dìtiězhàn　　2) 만리장성 Chángchéng

3) 옆쪽 pángbiān　　4) 뒤쪽 hòubian

5) 책상 zhuōzi　　6) 실례합니다 láojià

6. 1) 去机场怎么走?
   2) 你的书包在桌子下边。
   3) 他等了三个小时。

7. 1) 办公室在洗手间旁边。
   2) 这儿附近有自动取款机吗?
   3) 公司离你家多远?

8. 1) 地铁站旁边有洗手间吗?
   2) 我休息十分钟。
   3) 我学了一个小时。

제10과 조식 포함인가요?

• 문형 연습

◉ 기본문형1

2) Wǒ mèimei yùdìng le liǎng ge fángjiān. 我妹妹预定了两个房间。

3) Wǒ mèimei chī le liǎng fèn yángròu. 我妹妹吃了两份羊肉。

4) Wǒ dìdi chī le sān fèn yáng ròu. 我弟弟吃了三份羊肉。

5) Wǒ dìdi hē le sān bēi měishì kāfēi. 我弟弟喝了三杯美式咖啡。

6) Tā hē le yì bēi měishì kāfēi. 他喝了一杯美式咖啡。

7) Tā mǎi le yì píng píjiǔ. 他买了一瓶啤酒。

8) Tāmen mǎi le sì píng píjiǔ. 他们买了四瓶啤酒。

9) Tāmen chàng le sì shǒu gē. 他们唱了四首歌。

10) Wǒmen chàng le liǎng shǒu gē. 我们唱了两首歌。

[응용문형①]

2) Wǒ zài fànguǎn chī le liǎng fèn yángròu. 我在饭馆吃了两份羊肉。

3) Wǒ zài kāfēitīng hē le sān bēi měishì kāfēi. 我在咖啡厅喝了三杯美式咖啡。

4) Wǒmen zài shāngdiàn mǎi le liǎng píng píjiǔ. 我们在商店买了两瓶啤酒。

5) Wǒmen zài liàngēfáng chàng le wǔ shǒu gē. 我们在练歌房唱了五首歌。

◉ 기본문형2

2) Tā dǎsuan qù Shànghǎi. 他打算去上海。

3) Tā dǎsuan cānjiā Hànyǔ Shuǐpíng Kǎoshì. 他打算参加汉语水平考试。

4) Wǒmen dǎsuan cānjiā Tuōfú Kǎoshì. 我们打算参加托福考试。

5) Wǒmen dǎsuan líkāi zhèr. 我们打算离开这儿。

6) Wǒ de Zhōngguó péngyǒu dǎsuan líkāi Hánguó.
我的中国朋友打算离开韩国。

7) Wǒ de Zhōngguó péngyǒu dǎsuan lái Hánguó. 我的中国朋友打算来韩国。

8) Tāmen dǎsuan lái Shǒu'ěr. 他们打算来首尔。

9) Tāmen dǎsuan zhù sān tiān. 他们打算住三天。

10) Wǒ dǎsuan zhù liǎng tiān. 我打算住两天。

[응용문형①]

2) Wǒ dǎsuan míngnián yīyuè cānjiā Hànyǔ Shuǐpíng Kǎoshì.
我打算明年一月参加汉语水平考试。

3) Wǒ dǎsuan bìyè yǐhòu líkāi Hánguó. 我打算毕业以后离开韩国。

4) Wǒ dǎsuan jīnnián shí'èr yuè lái zhèr. 我打算今年十二月来这儿。

5) Wǒ dǎsuan zhè ge xīngqītiān qù Shànghǎi lǚyóu.
我打算这个星期天去上海旅游。

[응용문형②]

2) Wǒ dǎsuan zài Zhōngguó cānjiā Hànyǔ Shuǐpíng Kǎoshì.
我打算在中国参加汉语水平考试。

3) Tā dǎsuan zài Hánguó xué Hányǔ. 他打算在韩国学韩语。

4) Wǒ dǎsuan zài wǎng shang yùdìng fēijīpiào. 我打算在网上预订飞机票。

5) Wǒ dǎsuan zài biànlìdiàn dǎ gōng. 我打算在便利店打工。

◉ 기본문형3

2) Wǒ hē kāfēi de shíhou 我喝咖啡的时候

3) Wǒ chī yángròuchuàn de shíhou 我吃羊肉串的时候

4) Wǒ yùdìng fángjiān de shíhou 我预订房间的时候

5) Wǒ chàng gē de shíhou 我唱歌的时候

6) Wǒ qù Xiānggǎng de shíhou 我去香港的时候

7) Wǒ cānjiā Hànyǔ Shuǐpíng Kǎoshì de shíhou 我参加汉语水平考试的时候

8) Wǒ líkāi zhèr de shíhou 我离开这儿的时候

9) Wǒ lái Shǒu'ěr de shíhou 我来首尔的时候

10) Wǒ yǒu nán péngyou de shíhou 我有男朋友的时候

[응용문형①]

2) Wǒ bú shàngkè de shíhou 我不上课的时候

3) Wǒ bù dǎgōng de shíhou 我不打工的时候

4) Wǒ bù xiūxi de shíhou 我不休息的时候

5) Wǒ bú zài Hánguó de shíhou 我不在韩国的时候

[응용문형②]

2) Wǒ xiǎng xiūxi de shíhou 我想休息的时候

3) Wǒ xiǎng chànggē de shíhou 我想唱歌的时候

4) Wǒ xiǎng líkāi zhèr de shíhou 我想离开这儿的时候

5) Wǒ xiǎng qù lǚyóu de shíhou 我想去旅游的时候

• 실전연습

1. 1) Wǒ zài wǎng shang yùdìng le yí ge chuángwèi,

2) Nín de fángjiān zài sān lóu, shì sān yāo yāo hào.

3) Zhè liǎng tiān de fángfèi tuìfáng de shíhou fù yě kěyǐ ma ?

2. 男: 房费是一天两百二十，四天八百八十块。

女: 包含早餐吗？

男: 是的，包含。您的房间是416号。

女: 谢谢。

1) 女的住四天。

2) 房间号码是416。

5. 1) 아메리카노 měishì kāfēi

2) 노래방 liàngēfáng

3) 참가하다 cānjiā

4) 서울 Shǒu'ěr

5) 여행하다 lǚyóu

6) 침대칸 chuángwèi

6. 1) 我妹妹吃了两份羊肉。

2) 我们在练歌房唱了五首歌。

3) 我打算在便利店打工。

7. 1) 我弟弟喝了三杯美式咖啡。

2) 我打算毕业以后离开韩国。

3) 我想去旅游的时候

8. 1) 他们买了四瓶啤酒。

2) 他打算参加汉语水平考试。

3) 我打算在网上预订飞机票。

제11과 나는 리포트 쓰고 있었어.

• 문형 연습

◉ 기본문형1

2) Yéye zài chī huǒguō. 爷爷在吃火锅。

3) Yéye zài hē jiǔ. 爷爷在喝酒。

4) Nǎinai zài hē chá. 奶奶在喝茶。

5) Nǎinai zài kàn diànshì. 奶奶在看电视。

6) Tāmen zài kàn diànyǐng. 他们在看电影。

7) Tāmen zài liànxí Hànyǔ. 他们在练习汉语。

8) Wǒmen zài liànxí Yīngyǔ. 我们在练习英语。

9) Wǒmen zài xǐ bēizi. 我们在洗杯子。

10) Wǒ zài xǐzǎo. 我在洗澡。

[응용문형①]

2) Yéye zhèngzài hē jiǔ. 爷爷正在喝酒。

3) Tāmen zhèngzài kàn diànyǐng. 他们正在看电影。

4) Wǒmen zhèngzài liànxí Yīngyǔ. 我们正在练习英语。

5) Wǒ zhèngzài xǐzǎo. 我正在洗澡。

◉ 기본문형2

2) Tā shuō cuò le. 他说错了。

3) Nǐ kàn cuò le. 你看错了。

4) Wǒ tīng cuò le. 我听错了。

5) Tā xiě cuò le. 他写错了。

6) Nǐ dú cuò le. 你读错了。

7) Wǒ chī cuò le. 我吃错了。

8) Nǐ jì cuò le. 你记错了。

9) Wǒ zuò cuò le. 我坐错了。

10) Wǒ chuān cuò le. 我穿错了。

[응용문형①]

2) Nǐ bié shuō cuò. 你别说错。

3) Nǐ bié tīng cuò. 你别听错。

4) Nǐ bié dú cuò. 你别读错。

5) Nǐ bié zuò cuò. 你别坐错。

[응용문형②]

2) Tā méi shuō cuò. 他没说错。

3) Wǒ méi kàn cuò. 我没看错。

4) Wǒmen méi jì cuò. 我们没记错。

5) Tāmen méi zuò cuò. 他们没坐错。

◉ 기본문형3

2) Tāmen shàngqu le. 他们上去了。

3) Tāmen xiàlai le. 他们下来了。

4) Wǒ xiàqu le. 我下去了。

5) Wǒ jìnlai le. 我进来了。

6) Lǎoshī jìnqu le. 老师进去了。

7) Lǎoshī chūlai le. 老师出来了。

8) Wǒ chūqu le. 我出去了。

9) Wǒmen huílai le. 我们回来了。

10) Tā huíqu le. 他回去了。

[응용문형①]

2) Nǐ kuài xiàqu. 你快下去。

3) Nǐ kuài guòqu. 你快过去。

4) Nǐ kuài guòlai. 你快过来。

5) Nǐ kuài chūlai. 你快出来。

• 실전연습

1. 1) Nǐ zài zuò shénme ne ?

2) Nǐ dǎsuan shénme shíhou huílai ?

3) Xià cì yǒu jīhuì, wǒ xiǎng zài qù yí cì.

2. 男: 你现在在哪儿？

女: 我在家里。

男: 你在做什么呢？

女: 我在做作业。

1) 男的在家里。

2) 男的在做作业。

5. 1) 연습하다 liànxí

2) 샤워하다 xǐzǎo

3) 야경 yèjǐng

4) 아주 fēicháng

5) 모자 màozi

6) 곧, 즉시 mǎshàng

6. 1) 爷爷正在喝酒。

2) 我没看错。

3) 你快过来。

7. 1) 我们在洗杯子。

2) 他写错了。

3) 咱们什么时候能见面?

8. 1) 我正在吃午饭。

2) 你别听错。

3) 今天是你的生日，我没记错吧?

부록 : 단어 찾기

문형과 회화로 만나는 중국어 2

단어 찾기

Xiānggǎng 香港 홍콩 151
Xiǎomǐ 小米 샤오미 94
xiǎoshí 小时 시간[시간양] 193
xiàtiān 夏天 여름 131
xiě 写 쓰다 24, 53
xīguā 西瓜 수박 73
xìn 信 편지 53
xíng 行 대단하다, 뛰어나다 113
xíng 行 좋다, 된다 28, 94
xìngnéng 性能 성능 93
xīngqī 星期 요일 35
xīngqīrì 星期日 일요일 35
xīngqītiān 星期天 일요일 24, 35
xìngqù 兴趣 흥미, 관심 173
xǐshǒujiān 洗手间 화장실 31, 193
xiūxi 休息 쉬다 24, 93
xǐzǎo 洗澡 샤워하다 233
xūyào 需要 필요하다 174
yājīn 押金 담보금, 보증금 214
yān 烟 담배 53
yàngzi 样子 모양 93
yǎnjìng 眼镜 안경 93
yào 要 ~하려고 하다 93
yào 要 원하다 74
yàoshi 要是 만약 174
yèjǐng 夜景 야경 233
yí 咦 [놀람이나 의아함을 나타내는 감탄사] 233
yìdiǎnr 一点儿 조금, 약간 94, 173
yīfu 衣服 옷 151
yǐjing 已经 이미 174
yǐnliào 饮料 음료 152
yīnwèi 因为 ~때문에 173
yīnyuè 音乐 음악 29, 113
yǐwéi 以为 여기다 35
yíxiàr 一下儿 한번, 잠시 73
yíyàng 一样 같다 173
yīyuàn 医院 병원 193
yìzhí 一直 줄곧, 곧장 194
yò 哟 [놀라움이나 아픔을 나타내는 감탄사] 74
yǒu yìsi 有意思 재미있다 113
yóu 游 헤엄치다 113
yòubian 右边 오른쪽 193
yǒude 有的 어떤 114
yóuyǒng 游泳 수영하다 24, 53
yuǎn 远 멀다 174
yuán 元 위안[화폐 단위] 73
yuánlái 原来 이전의, 원래의 214
yuānyāng guōdǐ 鸳鸯锅底 원앙탕 152
yuánzhūbǐ 圆珠笔 볼펜 131
yùdìng 预订 예약하다 213
yuè 月 월 35
Yuènán 越南 베트남 54
yùshì 浴室 욕실 214
(zhěng)zài (正)在 ~하는 중이다 233
zǎocān 早餐 아침식사 214
zěnme 怎么 어째서, 왜 174

문형과 회화로 만나는 중국어 2

초판 인쇄	2018년 8월 23일
초판 발행	2018년 8월 30일

지은이	홍영희 · 임재호
감수	孙杨

발행인	김인철
총괄 · 기획	가정준 Director, University Knowledge Press
편집장	신선호 Executive Knowledge Contents Creator
도서편집	박현정 Contents Creator
전자책편집	이리나 e-Contents Creator
재무관리	문수진 Managing Creator
사전 · 출판	정준희 Contents Creator
마케팅 파트장	백승이 Chief Marketing Creator
마케팅	이현진 Marketing Creator
발행처	한국외국어대학교 지식출판콘텐츠원 02450 서울특별시 동대문구 이문로 107 전화 02)2173-2493~7 팩스 02)2173-3363 홈페이지 http://press.hufs.ac.kr 전자우편 press@hufs.ac.kr 출판등록 제6-6호(1969. 4. 30)
디자인 · 편집	디자인퍼브 02)2254-4308
인쇄 · 제본	네오프린텍 02)718-3111

ISBN 979-11-5901-387-4 14720 정가 18,000원
ISBN 979-11-5901-252-5 14720 (세트)

*잘못된 책은 교환하여 드립니다.

이 책의 음원(mp3)은 한국외국어대학교 지식출판콘텐츠원 홈페이지(press.hufs.ac.kr) - 게시판 - 자료실에서 다운받아 사용하시기 바랍니다.